球磨《くま》おんな風土記

Inoue Michiyo
井上道代

弦書房

装丁＝毛利一枝

〈カバー裏・写真〉
人吉城と球磨川（水の手御門付近）

目次

＊目次中の丸囲み数字は、活躍した女性および女性たちを示しており、巻頭の年表「相良七百年歴史略年表」の中で、どの時代に関連した人々なのかを示すために付した。(例＝女スパイ吉永ツル㉗は、明治十年（一八七七）に活躍した女性として年表中に㉗で示している)

＊近世相良史では、神社呼称に神は使われていない。文中では青井社（現在青井阿蘇神社）、若宮社（若宮神社）、老神社（老神神社）などと、昔通りの表記とする。

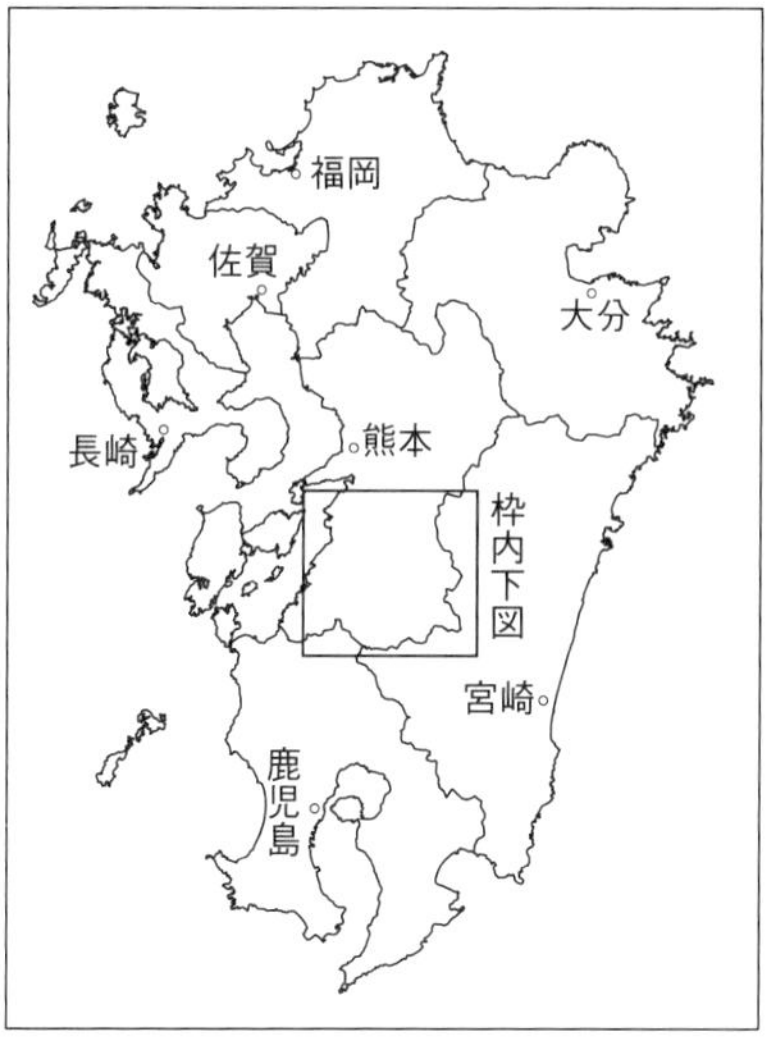
福岡
佐賀
大分
長崎
熊本
枠内下図
宮崎
鹿児島

〔熊本県球磨人吉地方図〕

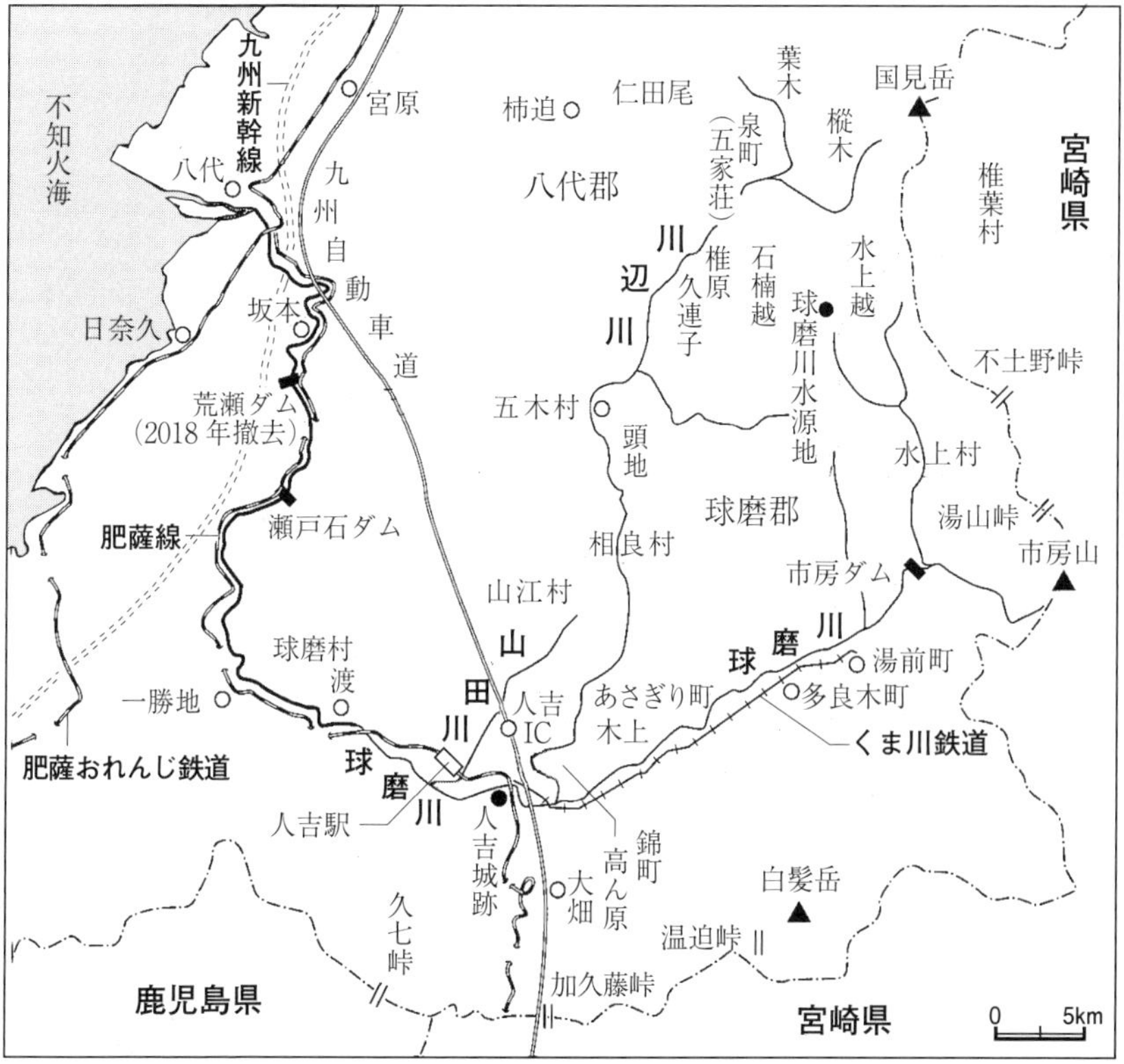
不知火海
九州新幹線
宮原
柿迫
仁田尾
葉木
国見岳
八代
九州自動車道
八代郡
泉町（五家荘）
樅木
宮崎県
椎葉村
川辺川
椎原
久連子
石楠越
水上越
球磨川水源地
日奈久
坂本
荒瀬ダム（2018年撤去）
五木村
頭地
不土野峠
水上村
瀬戸石ダム
球磨郡
湯山峠
肥薩線
相良村
市房ダム
市房山
山江村
山田川
球磨川
球磨村渡
湯前町
一勝地
人吉IC
あさぎり町木上
多良木町
くま川鉄道
肥薩おれんじ鉄道
球磨川
人吉駅
人吉城跡
錦町
高ん原
大畑
白髪岳
久七峠
温迫峠
加久藤峠
鹿児島県
宮崎県
0
5km

藍田村
西裏村
間村境
球磨川
薩摩瀬
大村境
侍屋敷
土手馬場
出町
西町
山田川橋
猟馬場
蓬莱堂
青井大明神
龍王社
漆原
伊勢宮
駒井田
大王井手
瓦屋
合の原
遥拝社
観音
観蓮寺
涼松
村山
永国寺
獅子鼻
鷹見
玉泉院
一本杉
梅の丸
うしろ田
南小路
今宮社
落水
車道
長野
茂田
古野
小路山
天狗平
麦生野
岩河内
大王狩倉
鷲岩
矢黒
長野川
一町田
津留
津留下
仙人塚
境ヶ谷
亀渕
弥宮嶋
尾瀬主馬助石塔
此天狗平山巍々として両渓の中ニ埋其峰たる事外ニ類するものなし崖寄蒼松のみ清く立て九霄の風に嘯く誠に天狗そ住へし
大岩の上に孤松卓然と立たり柱て鷲のことし此辺を岩河内とて岩多し城壁の普請ニ此所より石を取石垣を造築す
寛永十七田代平兵衛謀滅亡ノ時屍ヲ此所ニ埋ム
享保十四己酉ノ年遠江守長在騎射ヲ興行
是より川上寺瀬と云迄立川也
江戸発足ノ時青井社ニ詣て此所より乗船
此涼松二登ハ一瞬ニ千里の眺望あり近年坂を改て大悲坂ト名く
平将小松内大臣重盛ノ勧請千手観音菩薩ノ尊也
此へん真孤きわたを是ノ名産とす

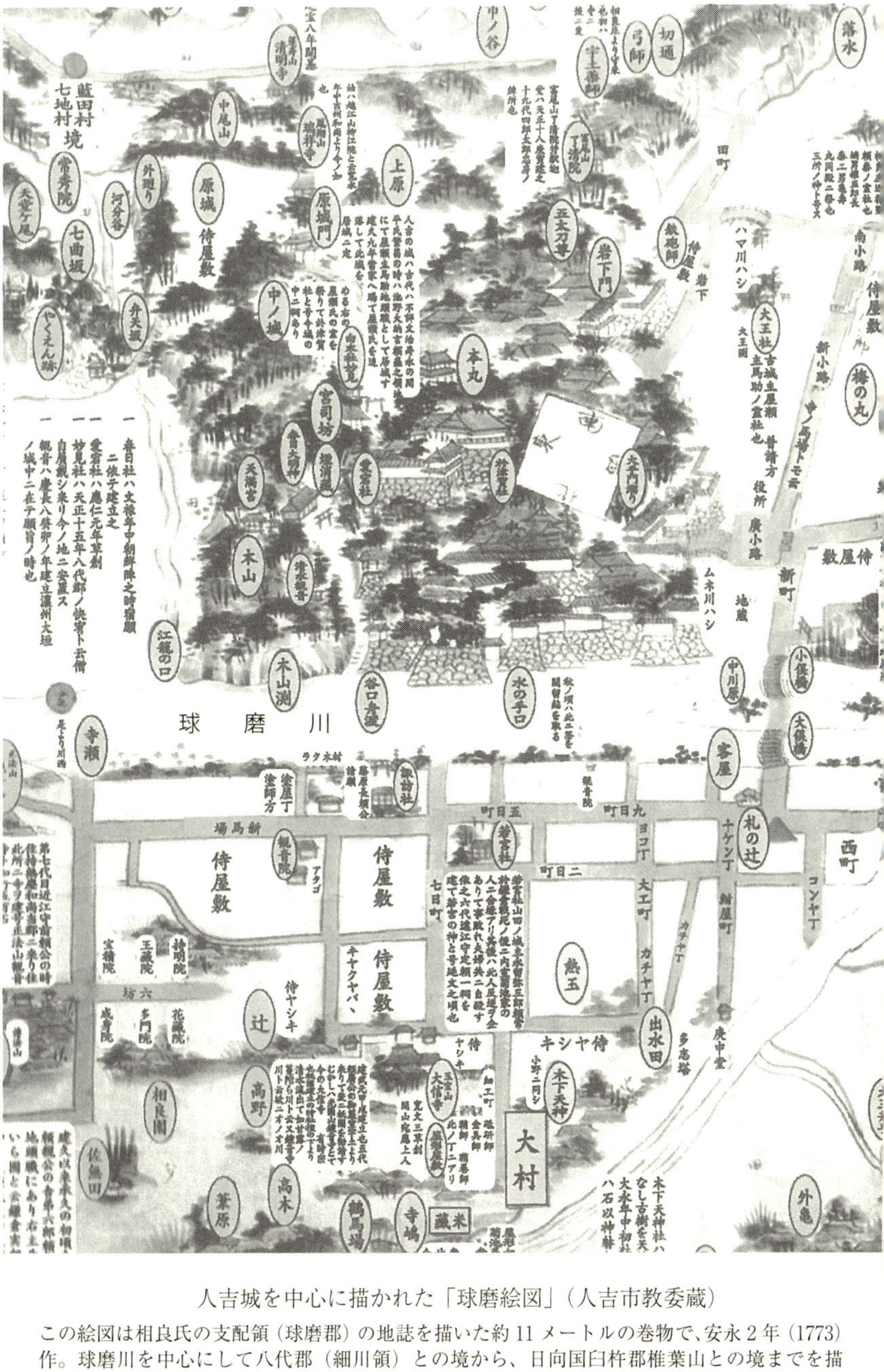

人吉城を中心に描かれた「球磨絵図」（人吉市教委蔵）

この絵図は相良氏の支配領（球磨郡）の地誌を描いた約 11 メートルの巻物で、安永 2 年（1773）作。球磨川を中心にして八代郡（細川領）との境から、日向国臼杵郡椎葉山との境までを描いている。上部が南。人吉城歴史館展示の為に黒肥地政太郎氏と著者が活字化した

相良七百年歴史略年表

＊年表中の丸囲み数字は、目次と本文中に記したものと同一のもので、その時代に活躍した女性たちを示している。

時代	相良家当主	年号	西暦	出来事
鎌倉	頼景	建久四	一一九三	相良頼景遠江より多良木下向（上相良）⓯
	初代長頼	九	一一九八	相良長頼人吉入城（下相良）㊴
		天福元	一二三三	願成寺創建
		寛元元	一二四三	人吉庄下地中分⓮
	二代頼親	建長六	一二五四	頼親・弟頼俊に家督を譲る
	三代頼俊	文永一一	一二七四	元寇出兵（二度目弘安四）⓬⓭⓰⓱
	四代長氏	永仁六	一二九八	青蓮寺創建⓯
室町（南北朝）	五代頼廣	建武元	一三三三	鎌倉幕府滅亡領内南北朝争乱
	六代定頼			❿上相良南朝、下相良北朝で相争う
	七代前頼	応永元	一三九四	前頼、都城で戦死
	八代實長	応永一七	一四一〇	永国寺創立、開山僧実底

時代	代	年号	西暦	事項
（戦国）	九代前續	応永中		近江守に任
（戦国）	一〇代尭頼	文安五	一四四八	上相良に逐われ菱刈で没
（戦国）	一一代長續	〃	〃	山田永富長續人吉球磨（上下相良）統一
（戦国）	一二代為續	明応元	一四九二	井口八幡に射札連歌
（戦国）	一三代長毎	永正元	一五〇四	八代古麓城・豊福を併領
（戦国）	一四代長祇	大永四	一五二四	長定に逐われ翌年没
（戦国）	一五代長定	六	一五二六	義滋に逐われて五年後没
（戦国）	一六代義滋	〃	〃	内紛後当主就任戦国大名
（戦国）	一七代晴廣	天文二四	一五五五	一向宗禁止　八代にて死去
（戦国）	一八代義陽	永禄二	一五五九	獺野原合戦❸㉔
安土桃山		天正九	一五八一	義陽響野原にて討死
安土桃山	一九代忠房	一〇	一五八二	猫寺騒動㉕㊴
安土桃山				この頃から城下町づくり
安土桃山	二〇代長毎	文禄元	一五九二	朝鮮出兵（慶長二年再出兵）
江戸		慶長五	一六〇〇	関ケ原戦寝返りにより二万二千石大名㊲

時代	相良家当主	年号	西暦	出来事
江戸	二〇代長毎	慶長一五	一六一〇	青井社造営㉓
	二一代頼寛	寛永一七	一六四〇	御下の乱（相良清兵衛津軽配流）㉞㉟㊱㊴
	二二代頼喬	寛文四	一六六四	林正盛球磨川開削㉞㊴
	二三代頼福	宝永二	一七〇五	百太郎溝・幸野溝土木工事㉘㉜
	二四代長興	享保六	一七二一	⓫病気のため九年間の藩主
	二五代長在	元文三	一七三八	参勤帰国途中病死❹❺
	二六代頼峰	宝暦七	一七五七	御手判事件
	二七代頼央	九	一七五九	竹鉄砲事件（頼央暗殺）
	二八代晃長	〃	〃	高鍋秋月家養子
	二九代頼完	一二	一七六二	京都鷲尾家養子
	三〇代福将	明和四	一七六七	美濃苗木遠山家養子
	三一代長寛	六	一七六九	備前岡山池田家養子❼❽❾
		天明元	一七八一	人吉藩校習教館開講㉙㉚㉛

時代	当主	年号	西暦	出来事
	三二代頼徳	寛政四	一七九二	相良義休廃嫡で嫡子❻
	三三代頼之	文化・文政年中		⓳⓴自然災害多発。米高値
	三四代長福	天保一二	一八四一	茸山騒動（田代政典自決）㉒㉝
	三五代頼基	文久二	一八六二	寅助火事⓲
		慶応元	一八六五	丑歳騒動❶❷
明治		明治元	一八六八	鳥羽伏見戦い～明治維新
		二	一八六九	版籍奉還（頼基人吉藩知事）
		四	一八七一	廃藩置県㉑
	三六代頼紹	一〇	一八七七	西南戦争（旧士族薩摩軍）㉖㉗

（㊳は長期間におよぶため年表内に記していない。年表は著者作成）

はじめに

私が日本の歴史物語を好きになったのは、小学四年の時に買ってもらった「日本の伝説」という一冊に魅せられたからだった。昭和三十三年に実業之日本社が発行した日本各地の伝説集で、坪田譲治・大藤時彦編集の十七編が、語りかけるように易しく書かれていて、この本は今も本棚の高い所で輝く宝物である。以来、読む本は日本の歴史に纏わるものとなって結果、大学での専攻も日本史となった次第である。真面目な学生ではなかったが一応卒論は書かねばならず、地元人吉の相良清兵衛一代記を何とか書き上げて卒業できた。これが「鹿大史学」に発表されて私の初作品となった。

この頃はまだ、人吉城歴史館目玉の相良清兵衛《さがらせいべえ》屋敷跡地下室も発掘されていなかったし、女性への視点も全くなかったので、今思えば深味のない自己満足だったが、当時はあれが精一杯だった。故郷に戻って生活する中で、市教委からの「球磨人吉の歴史資料調査」依頼があり、郷土の歴史文化関係資料に触れる機会に恵まれた。やがて、調査で出会った多くの古文書から女性たちが私に語りかけてくるようになったのである。

人吉の歴史には女がいない。言い直そう。「相良《さがら》七百年」と呼称される我が郷土、過去の歴史書を繙けば、登場人物は殆どが男たちで、女たちの姿が見えないのだ。何とも不思議、この世の半分は女の筈なのに。人吉球磨の領主相良家の歴史は一一九三年、鎌倉幕府の命を受けた相良頼《より》景《かげ》が、遠江国相良荘（静岡県榛原郡相良町、現在、牧之原市）からこの地に来た頃から綴られる。相良氏は鎌倉時代・室町時代・戦国時代・安土桃山時代・江戸時代と続く長い歴史の、明治維新までのおよそ七百年間を領主として君臨したのである。その半分以上が戦いで、男たちの華々しい活躍ばかりが強調される時代だったから、戦いの現場に出る事がなく、奥を支えるだけの女たちにスポットが当たらないのは当然だった。仕方ないことながらやはり寂しい。その頃の女たちを歴史書から探してみれば、政略結婚で嫁いだお姫様、相良家当主を産んだ奥方様、相良家騒動に巻き込まれた女たち、相良家を呪い祟ったので死後、神社に祀られた女たちがほんのちょっぴり姿を見せているが、やはり表舞台は男優たちによって演じられたのだった。一般の女たちは当然、まったく見当たらないのである。

だが、女は母になる。たとえ今が苦しくとも我が子の時代が明るく楽しいものになりますようにと、輝く未来を信じて生きるのが母親である。母は強く逞しく、気丈で温か。くよくよなどしないもの。そうでなければ子育ては出来ようがない。そう、相良七百年の歴史上女たちは確実に存在し、母として次代の子を産み育て、また産み育てして、現代の私たちに繋げてきたのだ。古文書の端っこには、泣いた女、笑った女、歴史の狭間で頑張った女、変革時の夫を支えた女、舞台裏で歴史を変えた女たちが顔を覗かせている。人吉の女たちは何と魅力的で、キラキラ輝いて見えることだろう。こんな過去の女たちの道があったから、今、私たちは歩いて行く元気が湧いてくるような気がしてならない。

今「女」が楽しい。春夏秋冬の九州人吉盆地、いつでも、どこでも女たちの元気が目立っている。蒸気みたいに噴出している。種々のイベントでも生涯学習でも、ボランティア活動でもサポーターは女たち。どの場所にも女たちがいっぱいいて、エネルギーが二乗倍くらい溢れこぼれている。令和二（二〇二〇）年七月の球磨川大洪水後でも、女たちは逞しく復興への道を歩いている。老いも若きも関係ない。女たちのこの熱さは何だろう。それはどこから来るのだろう。

女が自分らしさを求める「今」だからこそ、過去の女たちが時代の中でどのように生きたかを、遡って探ってみるのも意義あることかもしれない。何だか交差点にぶつかりそうな予感がしてくる。私の女探しが始まった。

序章

相良氏はなぜ七百年間も同じ地域の殿様を続けることができたのだろう。全国的にも数少なく珍しい事例である。鎌倉幕府から宛がわれた領土の人吉盆地は、九州山地内にある狭小の地ながら、各地に勢力を持つ領主達がおり、彼等を我が支配下に治める為に相良氏は苦労する。不和による争いや反抗、反乱など、大小の事件が数え切れないほど起こって、危機に陥るのである。しかしその都度、苦しみながらも解決の道を探り出す人物が登場して乗り越えていく。それが七百年も続く相良氏の歴史なのである。さらに、その陰を支えた名前も残せない女たちの存在があったことが、七百年も続いた理由の一つかもしれない。

彼女たちについてはこれから述べるのだが、テーマ毎に分類して紹介する形にしたので、時系列になっておらず、時代把握が紛わしいかもしれない。年表や人間関係図を参照して頂きたい。まず「相良七百年」の略史から始めることとする。

相良七百年略史

鎌倉幕府の命を受けた相良頼景が、遠江国相良荘から肥後球磨郡多良木《たらぎ》荘に下向したのは建久四（一一九三）年のこと。相良氏による人吉盆地支配の道が始まったのだが、元久二（一二〇五）年長男相良長頼の人吉荘地頭就任により、相良氏は多良木上《かみ》相良および人吉下《しも》相良の二流を形成することになる。

鎌倉幕府との関係は「ご恩と奉公」によって成り立ち、承久の変（一二二一年）」の鎌倉援兵や、文永十一（一二七四）年・弘安四（一二八一）年蒙古襲来の博多戦闘参加などに見られる通りである。幕府との密接な結びつきを強めながら、相良氏は人吉盆地内の抵抗勢力を抑えて、郡外への進出にも意欲を見せつつあった。

室町幕府開設と同時に南北朝内乱が始まると、多良木相良氏が南朝方に、人吉相良氏が北朝方となって一族相争う様相となった。中央では明徳三（一三九二）年に南北朝合一が見られたが、ここ人吉での内乱終焉は半世紀後の文安五（一四四八）年、人吉相良十一代長續による「球磨郡統一」の形をとる。漸く一族の結集を実現した相良氏は、人吉盆地を基盤に北へ南へと勢力を広げ、戦国大名への道をまっしぐらに突き進むことになった。

当時流行の海外貿易による富への欲望は、球磨川河口の八代港入手を実現させた。「相良法度」を制定して領土拡張と家臣団の統制に自信を深める相良氏だったが、一時南の雄島津氏の勢力下に身を置く。天正十五（一五八七）年に豊臣秀吉から球磨郡の領地のみ安堵され、慶長五（一六〇〇）年関ケ原合戦には、東軍（徳川家康方）への寝返りという不名誉な形ではあったが、何とか乗り越えて無事に江戸時代へ滑り込んだ。二万二千百石の人吉藩は中世からの外城制度組織編成のまま、その維持と継続のために苦心惨憺の足取りで歩き出す。

人吉盆地の中央を流れる球磨川を開削して、河口八代までの水運を開いたり、幸野溝や百太郎溝などの灌漑事業によって藩内の収益は確実に増加した。だが、参勤交代や江戸での出費はそれを上回るものとなって、借金残高問題は重役たちの頭痛の種となる。

加えて十一年間に五人の藩主が交替する危機が訪れる。宝暦八（一七五八）年に二十六代相良頼峰《よりみね》が急死して、弟の頼央《よりひさ》が二十七代を継ぐ。しかし翌年に頼央が砲弾を受けて死亡（竹鉄砲事件）するのは、二年前の「御手判事件」という藩内の争いによるしこりだろうか。その後は養子である。晃長《あきなが》、頼完《よりさだ》、福将《とみもち》と続いてようやく安定したのが、明和六（一七六九）年、岡山池田家からの養子、三十一代相良長寛《ながひろ》だった。

相良長寛による政治は人吉領内に新しい風を吹き込んだが、一八〇〇年代の幕末へと向かう日本の情況は、ここ人吉でも藩内の複雑な人間模様を生み出し、そのしがらみのまま明治維新へと繋がっていった。文久二（一八六二）年の「寅助火事」は、一八六五年の「丑歳騒動」を引き起こし、明治十年の西南戦争にも影響するという、その後の人吉を決定づけた大事件だった。また密かに真宗を信じる女性たちにも思いがけない運命をもたらしたのだった。

この長くて複雑に絡まり合いながら歩いてきた相良七百年の歴史の奥に、女たちがいる。彼女たちの姿が見えないのは、歴史書に語られなかった、ただそれだけの事である。主人公として描かれることはなかったが、色々な記事記録の端々から時代を生きる女たちの息吹が感じられる。彼女たちの人生を綴ることで、球磨人吉の風土に根付く、日本遺産にも認定された「相良七百年の歴史と文化」を語れるだろうか。

第一章　事件渦中の女たち

＊　小見出し下に付した囲み数字は、巻頭の年表「相良七百年歴史略年表」中に付したものと同一のもので、活躍した時代が年表中でわかるようにしている。

（1）かくれ真宗の女たち

武家女性たちの入信 ❶

町の横丁で田舎の分かれ道で、また樹木の繁る山道でお地蔵様や観音様に出逢えば、何となく温かくなるから不思議。今、私たちは自分の信仰心を誰からも咎められる事はないが、戦国時代から明治維新までのおよそ三百年間、人吉では浄土真宗の信仰が許されなかった。一五五五年、十七代相良晴廣《はるひろ》が禁止条項を「戦国法度」に入れ込み、その時点から真宗（当時一向宗と呼ばれる）を信じる人々はかくれ門徒になってしまったのだ。長い歴史の狭間で信仰を貫いた女たちを探す旅へ出かけよう。

鎌倉時代「なむあみだぶつ」を称えることで救われると説いた親鸞の教えは、現世の苦しみに喘いでいた民衆に喜んで受け入れられた。悪人でさえも仏様が救いの手をさしのべてくださるという教えに皆、驚きさえ感じたのだ。室町時代になると結束を固めて教団を作り上げた真宗信者たちの物凄いエネルギーが、一向一揆の形をとって戦国大名たちを悩ませることになる。「利家とまつ」の金沢城は、元々百年も続いた加賀一向一揆自治集団があった所である。

平和な江戸時代になると、真宗は幕府統制下での全国組織を作り上げるが、なぜか、相良氏と島津氏だけは戦国時代のまま領内での信仰を許さなかったのだ。毎年春秋に行われていた宗門改めは、ここ人吉では幕府が禁止していたキリシタンよりも真宗に重点が置かれていたようだ。全領民必ずどこかの寺の檀家になる「寺請制度」があって、家族の名前と年齢、戸主との関係が厳しくチェックされた。承認役の寺が戸籍係兼務だったわけだ。当然、江戸時代の人吉球磨に真宗寺院はない。

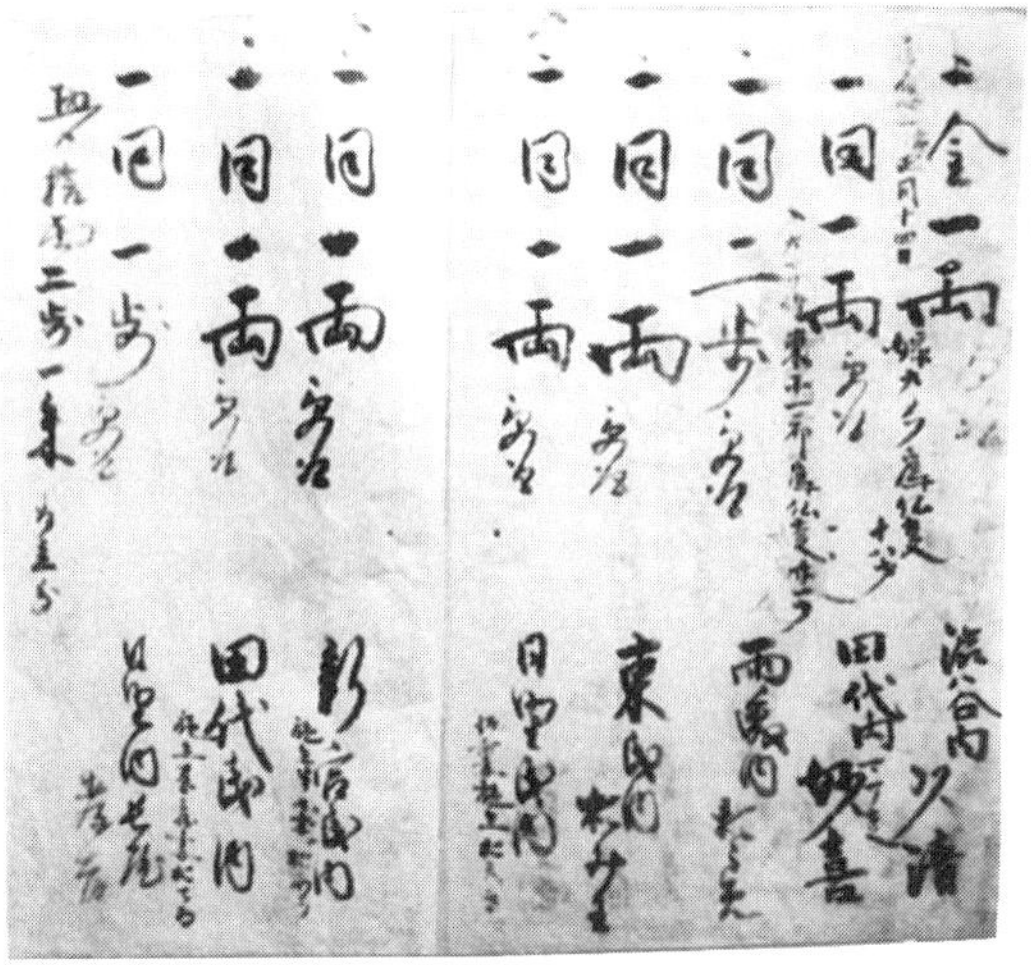
「永代佛飯田志寄附帳」（慶応２　阿蘇正光寺）の武家妻女たち

取り締まるのは武士の役目。その妻たちが真宗を信仰していたとしたらどうだろう。大問題ではないか。ときは幕末、何と阿蘇の真宗寺院正光寺の寄附帳には下級武士どころか、家老や奉行など上級武士の妻女名がはっきりと書き込まれているではないか。渋谷ルイ・田代マサ・東ミワ・日野エキ・新宮コウ・内藤タミ・雨森ウメ・中村カネ……錚々たる苗字が並ぶ。夫には内緒に違いない。渋谷ルイはかくれ真宗の女信者シンボルとして有名だ。夫の家老渋谷三郎左衛門から、「一向宗を信仰してはならぬ。念仏を唱えてはならぬ」と強く迫られても、決してその信仰心を捨てず、他所

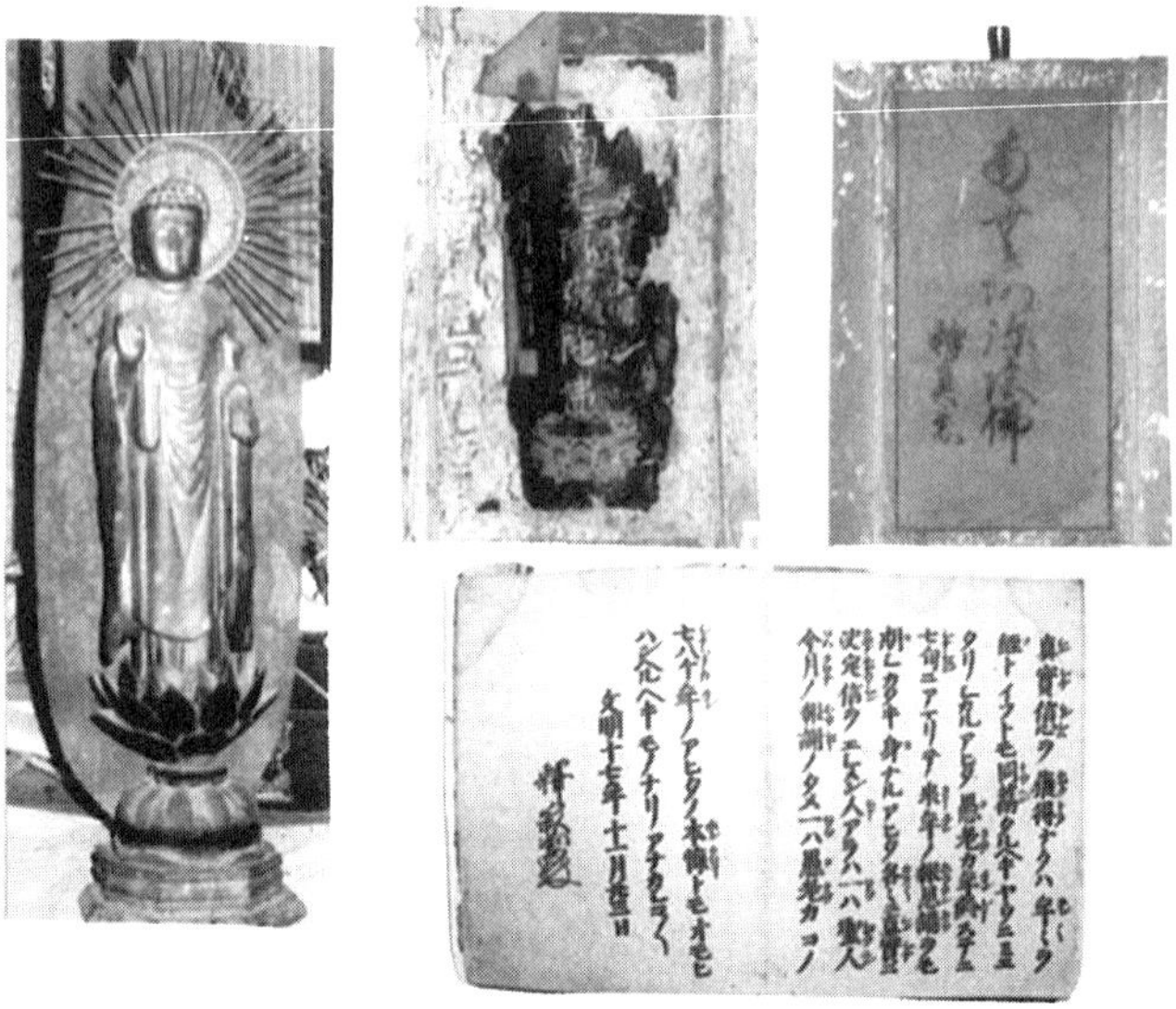

かくれ信仰遺物（六字名号　御文章　阿弥陀仏）

に預けていた阿弥陀仏をひそかに拝みに出かけていたとのエピソードがある。なぜ武家妻女たちは禁を犯してまで信仰に走ったのだろうか。

江戸時代は男優位の表中心主義。嫁いだ女は夫の「家」大事に身を粉にして働かねばならず、夫を主人と仰ぎ仕えるのが当然で、宗門改帳には夫の隣に妻（あるいは女房）と書かれていて実名はない。舅姑の気に入らない嫁は実家の躾が問われるので、嫁ぐ娘には恥ずかしくない程度の一般教養を身につけさせねば実家の恥となる。学問稽古は多岐にわたり、江戸時代が進むにつれて女たちの知性と教養は高くなっていき、奥にいながらも表社会に関心を持ち、自分で思考判断する力を持った者の数は増えていった。しかし残念なことにその力を表現発揮する事は許されず、女たちはあくまで「家の奥」であり、「夫の家内」であった。

　ここに阿弥陀如来の前では男女の別なく一人の人間として認められる教えがあり、「なむあみだぶつ」を称えれば煩悩苦難から解き放たれる導きを知れば、心は動く。禁制ならばこそ、その秘密性が更に刺激的。『女大学』から学ぶ生きる道を否定するのではないけれど、自分の心を大事にしたいと思う気持ちも抑えきれない。表社会での自己表現が制約される中での入信は、仏前の自己解放につながるのである。それが夫を天と仰ぐ実生活の下、女自身の意志によって決定づけられた事に歴史的意義がある。

　隠れ信仰は「講」を組織してその秘密性を守っている。代表者「毛坊主」の山田村伝助が寛政年間に処刑されてから、講活動は六十年程静かになったが、逆に信仰心は深く篤く強くなって続いて行ったのだろう。「禁止されている相良領内で密かに信仰している人々だから、猶更阿弥陀如来の慈悲を受けるべきだ」、と考えた阿蘇正光寺住職の「一行《いちぎょう》」が人吉領内に潜入布教して、「球磨仏飯講」を再結成するのが弘化四（一八四七）年である。毛坊主ではなく京都本山直結の、本物の御坊様の教えに接した女たちの感動が領内を走って、ますます広く深く浸透していくのである。

　真宗を禁止して取り締まる夫たちは、妻の信仰を止めさせることはできなかった。一人の人間として、禁制の宗教を信仰する妻たちの強い意志。彼女たちの心を妨げるものは何もなく、女同士の連帯感と絆も強いのである。藩当局からは厳しいお達しが出て、家族の入信は身の破滅。口をつぐむ夫たち。御家大事が一番だ。密やかに、時には烈しく熱く心燃やしながら、忍耐強く逞しく歩く江戸時代人吉領内の女たち。現代にもきっと脈打ってると信じたい。

丑歳《うしどし》騒動「日野エキ」❷

文久二（一八六二）年二月七日、人吉城下鍛冶屋町の鉄砲鍛冶恒松寅助《つねまつとらすけ》方から出火した炎は、城下町や球磨川を越えた武家屋敷、それに人吉城まで灰にした。結果、藩は借金地獄の幕末を歩くことになる。殿様は二年間も菩提寺の願成寺《がんじょうじ》住まいとなり、当時の日記には「殿様不例」と書かれた日が続く。時代は鎖国を止めさせた外国勢力が日本を虎視眈々と狙っている頃で、植民地化したインドや中国の二の舞になってはならぬ。京都の天皇が表舞台に登場して、日本中が揺れに揺れている最中の大火事だった。急ぎ武士の魂たる武器を揃えねばならない。日本古来の山鹿流兵制を推す伝統派と、最近の西洋流を推す急進派に二分された人吉藩内は、政治闘争にまで発展して行くのである。遂に慶応元（一八六五）丑歳九月二十六日午前四時、山鹿流武士たちが松本了一郎主導の西洋流武士たちを急襲殺害する事件が勃発してしまう。「上意」の名のもとに殺害されたのは十家十六人、女子どもも巻き添え死亡した悲しい事件だった。突然の悲惨な状況に見舞われた家では怪我をした妻女もいたという。藩記録は皆無で相良史謎の事件のひとつである。

「丑歳騒動」と称される事件から五か月後、犠牲者家族が阿蘇の真宗正光寺に供養金を納めて、夫や息子の菩提弔いを頼んでいる。中村カネ・リツ、田代マサ、日野エキ、新宮コウ、田代テルの五家。百石から三百石の大身、その上犠牲者の五割というのはまさに驚愕！　秘密宗教は武家妻女層に深く入り込み、長い時間をかけて奥の世界で代々続いてきたのかもしれない。渋谷ルイは田代家出身。二十五歳の弘化三（一八四六）年には姑サトの供養金を正光寺に納めているので、どうも実家田代家からの信仰の灯が感じられる。騒動後の寄附帳にはルイ、妹マサ、従妹のウメの名前が見えるが、ルイは襲った方、マサは犠牲者の方なので心は複雑、痛々しい。

日野家墓地（永国寺）
犠牲者４人を見守るエキ（手前）

　犠牲となった日野家では当主日野佐一、息子貫蔵、息子嫁カノ、孫娘ヤエの四人が殺された。奥の別室にいて助かった佐一の妻エキは茫然自失、何が何だか分からない。しかしエキは動く。まず首を持ち去られた夫と息子、それに嫁と孫の遺体を葬らねばならない。相良武士の妻たる者、このような時こそ本領発揮、肝っ玉実力が問われるのだ。気丈にも、家人孝吉らとてきぱき処理をしたことが、鹿児島に残る資料『求麻混雑』に書かれている。

「老母有之　右騒動ニ目覚　女性ながら士の身分ニて万一気弱事共有之候てハ不相済と　提灯を燈し　家内見廻候処　討手人数ハとく佐一父子首級取揚　引取候跡ニて致方なし　四人の死体取始末いたし候由」。

武家妻女としても気丈で、確実な能力をもって行動できるエキは格別な存在として特筆の人物である。夫佐一は先祖から代々続く軍関係の仕事に就き、二百石用人などの重職に在った。軍学兵学は槍剣術や砲術だけでなく、土木建築分野まで含むので日野家の藩内での政治力は、頼られる高レベルのものだったろう。佐一は天保七（一八三六）年には武術家の西幸七郎・別府弥作と共に飢饉の西日本を「剣術修行」の名目で旅しているが、佐一には別の目的もあったようである。その後、五十歳を超えた佐一は幕府も認める松本了一郎の、西洋流砲術指南能力の確かさに人吉の未来をかけ、「これからは新しい技術を取り入れて藩政を刷新しなければならない」との立場を表明していたのだった。結果、悲惨な事件の犠牲者になったのだ。

事件関係者の御家断絶は免れたので、跡継ぎのない日野家には八歳の加賀久米助息子広一が養子に入り、何とか明治維新を乗り切ることができた。その後誕生した孫息子が、日本初飛行成功の偉業を成した「日野熊蔵《ひのくまぞう》」である。エキは丑歳騒動犠牲者の追悼供養を熱心に励み勉めていく。明治維新後に禁制を解かれた真宗寺院が次々に建つと、女たちは晴れて女講「最勝講」を結んで、公然と「なむあみだぶつ」を称えたのである。エキが亡くなるまで講のリーダーとして活躍したことが『真宗開教史』に記されている。エキは明治二十四（一八九二）年十一月八日に七十歳で永眠し、彼女の墓は永国寺墓地一角に並び立つ、夫佐一・息子貫蔵・嫁カノ・孫ヤエの墓を見守り続けている。法号貞操瑛圓大姉。

(2) 獺野原《うそんばる》合戦　相良義陽《よしひ》母「内城様」❸

源頼朝の鎌倉幕府創設後、人吉にやってきた相良氏はゼロからの出発で、近隣を切り取るほかに生きていく道はなかった。まず盆地内の勢力をまとめ、それから外の世界を目指すのである。明治維新までの七百年間を運よく生き延び続けた相良氏の歴史は、関ケ原合戦までの四百年間は戦いに明け暮れる日々だった。戦場は男たちの修羅の世界で、留守部隊の女たちは奥の陰に隠れてしまった。歴史書に見る女の存在感は唯一、政略結婚による平和の橋渡し。島津氏を牽制するために大隅菱刈家から嫁いできた十二代相良為續《ためつぐ》夫人や、十三代長毎《ながつね》夫人となった日向伊東祐隆

18代相良義陽肖像画（市指定　相良護国神社）

の娘は跡継ぎを産んで、立派に自分の役目を果たしたのである。逆に十六代相良義滋《よししげ》の娘たち四姉妹の長女は阿蘇惟前《これさき》に嫁ぎ、二女の千代鶴は菱刈重任夫人、三女は東郷相模守夫人となって故郷を離れて行った。十八代相良義陽夫人となった四女の千代菊だけは人吉に残ることができたが、その後四姉妹の再会はなかったと思われる。ファーストレディ千代菊（台芳院）には女の子しか生まれなかったので、十九代忠房や二十代長毎を産んだ側室了玄院に奥トップを譲った形となり、厳しい現実が待っていた。

戦国時代の女たちはか弱い。なよなよして儚げで、自分の意志もなく他人のいうがままに生き、時代に翻弄されながら涙する。女とは何と哀しく、愛おしい存在か。なあんてことあり得ない。他国に嫁ぐ女たちの使命感は強くて重い。自分の存在そのものが故郷を守る楯になるのだ、という心意気で嫁いでいったお姫様たちばかり。彼女たちのプライドは離縁による帰国こそが最高に傷つけられるものだった。十七代相良晴廣《はるひろ》に嫁いできた宇土武顕家の姫は、天文十一（一五四二）年、両家不和による離縁となって実家に帰される。「口惜しい」と、女の魂である鏡を水中に投げ入れて、自分の思いを行動に表したという藤ノ木水神伝説。お付の侍女たちも皆同じように懐の鏡を投げ入れたそうだから、女の意思表示も大したものである。人吉城石垣角石あたりという。

この晴廣が木上《きのえ》の地頭田村織部允《おりべのじょう》娘「ねねい」を見染めて妻にし、天文十三（一五四四）年二月八日に誕生したのが十八代相良義陽である。当時晴廣は戦国法度を掲げ、八代鷹峰《たかみね》城を本拠に戦っていたが、弘治元（一五五五）年に病死する。十二歳の義陽が相良家十八代を相続し、「内城様」と呼ばれていた母親ねねいの後見力が試されていくのである。三十一歳の若い奥方が動乱の領内をどう纏めていくのか、虎視眈々の輩が見つめている。

二年後の弘治三（一五五七）年、義陽叔父たちの上村三兄弟（晴廣は上村頼興の息子で義滋の養子に入る）が反逆するが、内城様は家臣たちの結束を固めて、何とか息子を守ることができた。永禄二（一五五九）年になると、相良歴史上最大の内乱「獺野原《うそんばる》合戦」が勃発して、人吉盆地は大騒動となる。戦国時代の中世人吉城は高台の原城にあり、ここには武将たちの館も並んでいて、有力者の丸目兵庫と東弾正の二人が勢力争いをしていたようだ。この抗争を煽ったのが児玉弥太郎・早田平八郎・深水新左衛門の若者三人。丸目兵庫の母に仕えていた侍女に恋焦がれ、騒動を起こしてその最中に女を手に入れようと策略を練ったらしい。術策にまんまと嵌められた丸目と東の不仲は一触即発状態で、内城様は時の有力者、湯前《ゆのまえ》城主東三河に収拾を依頼するのだが、丸目の親戚である東三河自身が巻き込まれてしまい、大変な事態となった。しかし、東弾正の方が一枚上手だった。内城様と義陽母子を赤池城（現在人吉市指定史跡）に連れだし、自分が人吉方トップであるとの大義名分を確保したのだった。

湯前城で戦闘態勢を整えた東三河と丸目兵庫は多良木城急襲計画を立てるのだが、湯前城内にいた岩崎氏が伯父の多良木城主に緊急密使を送ろうとする。白羽の矢を立てられたのが召使の「千」だった。千は日頃から余程肝っ玉の座った女だったのだろう。城門での芝居をうまくクリアして多良木への道をひた走り、大役を果たしたのである。おかげで、多良木城は人吉中球磨連合軍の加勢もあって落城を免れた。そして歴史は一気に翌八月十六日の獺野原合戦へと滑り込むのである。烈しい戦いだった。戦場に人吉方の勝鬨が轟いた。死者は四百人を超え、湯前方は妻子女中共々自害。丸目兵庫母も戦いの原因となった美女連も皆、歴史の狭間に埋もれてしまい、名前さえ分からない。悪計を図った何とも情けない三人の愚かな若者たちのその後は？　当然死罪だ。引き回しの上球磨川中洲の中川原で処刑されて、首は赤池土丈原《どじょうばる》に晒された、と『南藤蔓《なんとうまん》綿録《めんろく》』に記されている。

それにしても、相良史上最大の内乱は小さな人間の、些細な偶然のかみ合わせで生じたもので、多くの尊い命を奪った、悲しくて残酷な一件だった。その中に千女が登場しての活劇は、後世江戸時代の天明元（一七八一）年に岩崎周武が供養墓碑を建てて、千女の勇気を称えたスポットに

内城様供養塔（木上ごあん坂）

救われる思いがする。実績評価に男女の区別はないのだ。

　とにかく戦国時代の女は逞しい。数々の危機を乗り越え、愛息義陽を立派な相良家当主に育て上げた内城様は、戦い敗れて島津氏の配下になった息子の「響野原《ひびきのはら》合戦（一五八一）」での討死後、孫の二十代相良長毎が家臣たちに守られながら朝鮮出兵や関ケ原合戦を経て、平和な江戸時代を歩き始めた頃に亡くなるのである。慶長十（一六〇五）年十一月七日、八十一歳の長寿だった。法名　榮雪正繁。

「球磨絵図（一七七三）」には出身地木上村の「御庵《ごあん》」と呼ばれる墓所が、妊婦や水疱瘡に霊験ありと記されている。義陽がお腹にいた時、内城様がウォーキングした坂を「こなし坂」というそうだから、歩け歩け運動は五百年昔からあったのだ。母性愛そのものを歩み続けた内城様はまさに強い母親像の代表格。現在「ごあん坂」と呼ばれる坂の途中に内城様の供養塔が建っている。

(3) 御手判《おてばん》事件

御門葉相良織部妻　於為《おため》 ❹

江戸時代人吉藩は二万二千百石の九州外様小藩である。幕府の定めをしっかり守り、鎌倉時代から続く御家柄を維持しようと懸命に努力する。古今東西、世の中お金が必要だ。一年おきの参勤交代や江戸滞在の奥方様や若殿様にかかる諸経費、幕府の普請命令の出費に加えて領内政治の費用など、アップアップの藩経済。藩主取り巻きブレーン達の苦労は並大抵ではない。江戸時代半ば、藩士の給与削減から起こった御手判事件は藩内を二分する争いに発展し、多数の処罰者を出して後も次の事件を誘発するという、まさに御家騒動の形となったのだった。女たちもその渦に巻き込まれて行く。

宝暦六（一七五六）年八月に、藩士へ渡す給与を減らす達状が出る。藩の経済立て直しを図った家老方の打ち出した策は、年俸から借銀返済予定分を差し引いて渡せば、昔からの借金もいつか皆済し、藩士は元の全給与を受け取る日が来るだろうというものだった。ブーイングが起こる。「収入半減では生活はままならず、たとえ助成金という形ではあっても新しい御手判銀借用は目に見えている。これは家中（武士）取潰しの悪法だ」。御手判とは借用手形のことで、後日の証とするものである。不満藩士の訴えた相手は「御門葉《ごもんよう》」と呼ばれる藩主親戚の相良織部。悪策とあらば黙ってはいられない。「お任せあれ」と乗り出したものだから、人吉藩内は家老方（大衆議）と門葉方（小衆議）に分かれて、壮絶な一年余のバトルが繰り広げられる事態となるのである。

相良織部の妻は二十五代相良長在《ながあり》の娘「於為」で、現藩主二十六代頼峰の姉である。於為は享保十（一七二五）年誕生で、翌年には自分の御屋敷が普請されるという、何とも羨ましいお姫様である。弟頼峰と頼央《よりひさ》は誕生後の老神社《おいかみしゃ》（産土神）への宮参り後、姉於為の館で御内所御祝をしたそうだから、立派な御屋敷だったのだろう。

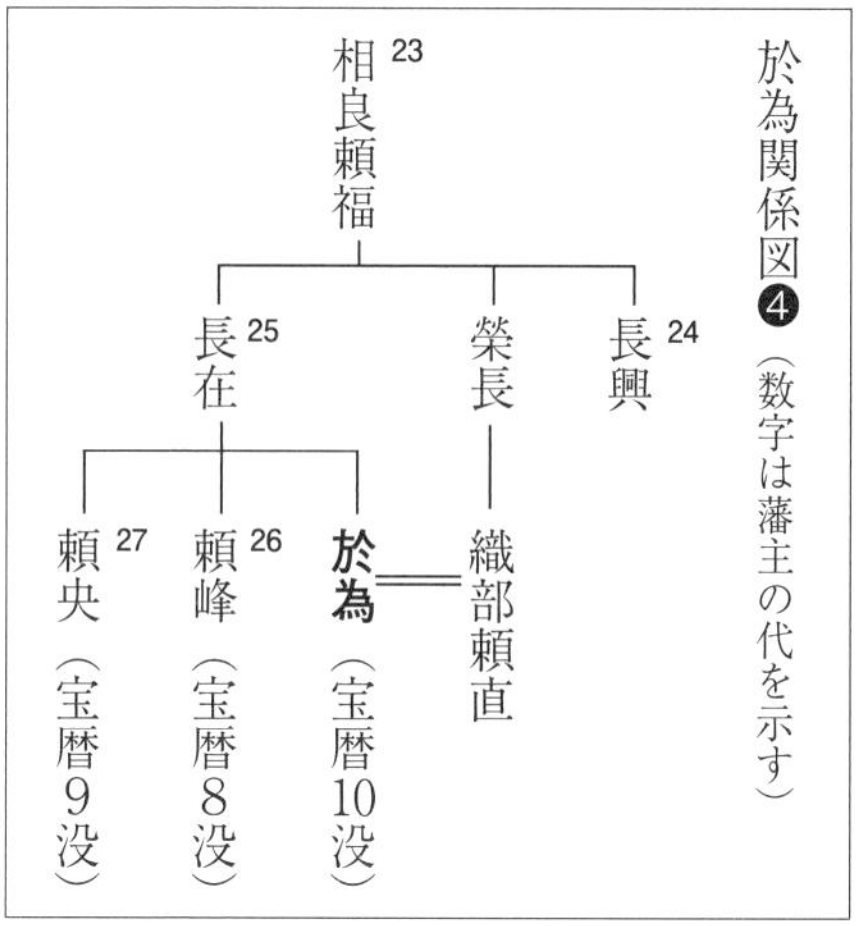

於為関係図❹（数字は藩主の代を示す）

十四歳で父を亡くした於為はその二年後、従兄の相良織部頼直と結婚するが、弟の藩主頼峰はわずか六歳の子どもだったから、夫も家老たちも様々な思いを持ちながら仕えていったと思われる。そうして起こったのが御手判事件だった。門葉の夫織部や弟頼央を巻き込んだ事件渦中にあって、於為は大きな存在感を示すのだ。彼女は見聞きしたことや自分の考えを江戸の頼峰宛に書き送る。「家老達が出した今度の助成金

26代相良頼峰肖像画（市指定　相良護国神社）

についてのお達しは、家中に大きな不満が充ちています。よくお考え下さい。平山清左衛門や豊原助太夫等が出府しますから詳しい話をお聞きください」。夫織部は家老方の処分を願う書状も同封したとか。江戸と人吉、家老方からも門葉方からも書状行き交って賑やかだ。領内の人心不安と政治の混乱はまだまだ続く。

翌宝暦七（一七五七）年は藩主帰国年。両派の動きが活発で、於為の心配が膨れ上がる。「家老の万江《まえ》長右衛門や米良《めら》半右衛門は功績もないのに、私利私欲に走り驕り諂いなどしている人物です。不都合な藩士の離縁問題も起こっており、とても心配です。織部や頼央の話をよく聞いてください。貴方の帰城が待ち遠しいです」。於為の涙の書状から一週間後、家老たち密謀の手紙が江戸家老（井口氏）宛に出され、「殿様帰城まで家中の不満を抑えきれないので御差図を出して片付けよう」と、夫も弟もその中に含まれた恐怖の内容だった。

藩主頼峰には子どもがおらず、帰国前に弟頼央を仮養子にする。当然家老たちは猛反対。それも頼央を織部と於為の息子の形にして幕府に届け出たものだから家老たちの怒りは頂点に達し、騒動の行方は火に油を注ぐがごとし。人吉領内には不穏な噂が舞い、お寺さんによる調伏祈祷の風聞に加えて藩主の毒殺計画もまことしやかに囁かれるとか。「女子どもまでもが知っています」と、於為は書き送る。

六月に頼峰帰国。吟味が始まり於為も呼ばれて、その問答に頑張った様子が記録されている。医師右田立哲の自決遺書から事態が動く。八月には織部・頼央が誓詞を出し、門葉方小衆議の人々が検挙されて断罪が行われた。織部の義弟で家老片岡源之進は切腹、他に処刑された人、入牢した人、流罪追放になった人、謹慎になった人など、家族連座の厳しい処罰だった。於為は敗けたのだ。

於為墓（願成寺）

ところが、事件の翌年に頼峰が急死して、戦いに敗れた門葉の頼央が二十七代藩主に就くのである。事件の余波漂う領内の異様な雰囲気の中、新藩主頼央も姉の於為も心複雑で穏やかならず。一件落着後、勝者の家老たちの心境は張り裂けんばかりの怒りに満ちた事だろう。この苦々しい思いをどこにぶつければ砕け散るのか。歴史はまたまた奇妙な出来事に遭遇するのである。

頼央は藩主就任の翌年、宝暦九（一七五九）年六月六日に帰国。七月十五日には薩摩瀬《さつまぜ》下屋敷で銃弾に倒れ、八月三日死亡する。大事件後の大事件。幕府に知られては一大事。子供の放った竹鉄砲の弾が腰に当たって……と届けられる。急養子はお隣り日向高鍋藩秋月家から晃長《あきなが》が迎えられ、急ぎ江戸に向かう。なぜか事はスムーズに運び、人吉藩存続が認められた。これが「竹鉄砲事件」である。弟二人を亡くした於為の涙が事件の終着を感じさせる。

翌宝暦十年七月二十三日、於為は三十六歳の短い人生にピリオドを打ち、浄土へ旅立った。法名は光壽院圓覚妙融。願成寺に眠る。事件後は他藩からの養子藩主が四代続くので、相良家血脈はここでストップしたことになる。於為の相良史登場は、鎌倉時代から続く血脈の見送り確認の役目だったのだろうか。

浪岡伊豫《いよ》 ❺

相良史上数え切れないほどの政争が表社会で起こり、その陰で女たちの涙の数がどれだけ流されたことか。御手判事件も家族を巻き込む結果になった悲しい一件だった。二年に渡る攻防は家老方（大衆議）に軍配が上がり、門葉方《もんようかた》（小衆議）に就いた多くの藩士たちが処罰された。片岡源之進ら三人切腹、菱刈喜三兵衛ら二名死罪、渋谷勘右衛門ら遠島、高畠《たかばたけ》九太夫ら入牢、家城市太夫ら在宅謹慎……と罰が下されたのである。家族や一類にまでその裁きの結果が及んで、入牢の罰を受けた浪岡市郎右衛門の家族は家禄没収の上、上村追放となった。娘伊豫も含まれていた。

伊豫の人生はまったく分からない。記録がないのだ。女たちは歴史の狭間に埋もれてしまって、その名前さえ残っていないのが普通である。伊豫も同じ運命だったのだが、彼女は偶々父の墓石に名前を彫り込んで、自分の存在を相良史に刻みつけたのである。寛政四（一七九二）年のことだ。伊豫の人生を語るには父親の調査から始めねばならない。

浪岡家は南北朝時代に活躍した、南朝方の源氏北畠顕家を祖とする名門とか。市郎右衛門は自著に「浪岡氏源姓季卓《すえたか》」とサインしているので、北畠氏出身を我が家の誇りとし、人生を歩む一本の筋となっていたと思われる。二十二代相良頼喬《よりたか》代に浪岡玄迪《げんてき》の医師登用からが、人吉藩における浪岡家の始まりである。二代丈右衛門は百石の江戸留守居役、三代が伊豫の父市郎右衛門である。彼は元々播州龍野脇坂家の溝江氏出身だが、浪岡丈右衛門の養子となる。養父母を江戸にて葬送後、人吉の南小路車《くるま》道《みち》に移住して領内の役目に従事する。勤務内容は不詳だがかなりの勉強家だったようで、代々書き継がれてきた相良家の歴史書『御當家聞書』に、「元文元丙辰（一七三六）年仲秋吉日　浪岡源季卓書写之」

伊豫が建てた父浪岡市郎右衛門の墓

と誌して、その後の歴史を書き綴り最終編者となる。後世の田代政鬴《まさかま》著『求麻外史』にも多く引用される程の重厚な内容である。

事件後家族は「浪岡軍之進（嫡子）家内共ニ在宅上村」となるが、家族の人数や年齢は分からない。追放当時の軍之進は八歳頃で、二女伊豫は結婚前の年齢だったと思われる。藩から二人扶持は下されたが、元は百石だったから生活はかなり厳しいものだった。伊豫はどんな思いで娘時代を過ごしたのだろう。

五年後の宝暦十二（一七六二）年に父は出牢して五木谷流罪となり、その七年後の明和六（一七六九）年に漸く家族同居が許された。嫡子軍之進に新知二十石が与えられたものの、まだ城下に戻ることはできなかった。天明元（一七八一）年に父市郎右衛門八十四歳が亡くなって後、伊豫たちは人吉城下に戻って、二十七年間の長い配流生活にピリオドが打たれたのだった。適齢年を確実に過ぎていた伊豫が結婚したのかどうか疑問である。浪岡家は事件後の恩赦を有難く受け入れ、下級役職平目付ながら明治維新まで持ちこたえることができた。

それにしても政治闘争は根が深い。伊豫は市郎右衛門の叫びを心に留める。「人吉城下に戻りたい。あの侍屋敷にもう一度住みたい。お城で働きたい」。城下町を恋焦がれながら上村で亡くなった父の墓は、地元の京塚に建てられたという。さまよい続ける父の魂を人吉城南の了清院に連れてきて、先祖の眠る墓地に落ち着かせたのは伊豫だった。寛政四（一七九二）年に建てられ

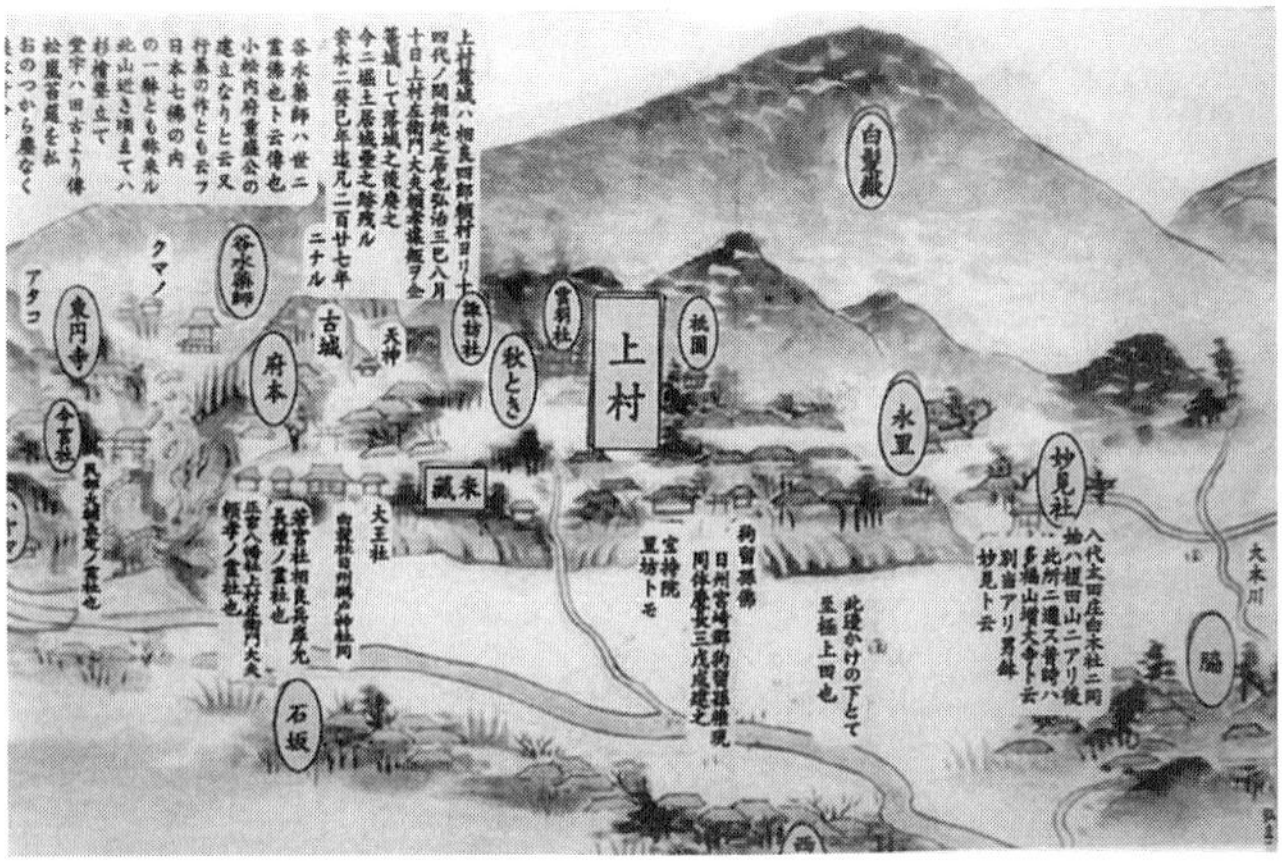

伊豫一家が住んだ上村白髪嶽麓（球磨絵図）

た墓碑四面に、父市郎右衛門の生い立ちから亡くなる迄の略歴を彫り、自分「季卓之二女名伊豫」が葬ったと明記する伊豫。父没まで城下に戻れないほどの藩政の厳しさを知る伊豫は、兄弟への政治的圧力を考慮してか、罪人の墓碑建立責任者を軍之進ではなく、女の自分にしておくことが最良だと判断したのかもしれない。事実は永久に謎のまま。相良史を生きる伊豫の名前は、父の墓に刻まれた一ヶ所だけだ。小高い山上、樹木に囲まれた墓地一角に立つ小さな墓の文字は、「私はここにいます。事件による大きな歴史のうねりの中で力強く生きて、自分の意志で父の魂送りをした浪岡伊豫が、確かな足取りで人生を歩んだ事をここに誌します」と伝え、輝いている。

伊豫は苦難の時間を父と共有して、それを自分の生きる道として捉えたのだ。父の存在の大きさを知っていたということだろう。延享三（一七四六）年の市郎右衛門写本が流罪地上村にあった。城下から持ってきた父親の書籍や文書などに伊豫が感嘆し、父の偉大さとその存在感に改めて気付いたと想像できる。伊豫の人生は何だか小説になりそう。しかし作家大原富枝の出世作『婉《えん》という女』の主人公は、父の罪で三十五年間門外不出の罰だったので、これには太刀打ちできそうにない。

第二章　女たちの教養

（1）織月連《せんげつ》の女流歌人たち ❻

人は嬉しい時、悲しい時、苦しみの中ですら詠う。相良氏が人吉盆地の領主になってからたくさんの歌が作られた。十二代相良為續《ためつぐ》は何と、連歌の『新撰菟玖波《つくば》集（一四九五年）』に五句が選ばれて、当時の九州大名では文化人ナンバーワンとなり、大喜びだった。トップのお殿様が歌好きならば、家来たちも作歌に夢中になるもの。戦国時代の元亀元（一五七〇）年に十八代相良義陽が市房社へ参詣したり、天正四（一五七六）年に京都の公家近衛前久を八代に迎えたりした時の歌会には、当時のブレーン達も張り切って詠っている。

山風の音を残して色々の　木の葉うち敷夕まぐれかな　（相良頼貞）

詠者相良頼貞は、後に人吉を襲うことになる相良義陽の母違い弟だが、これは家臣としてまだ八代に留まっていた頃の歌である。

戦いの中で宙を飛んだ歌もある。水俣城の相良軍が島津軍に囲まれた天正九（一五八一）年、矢文の音が響き渡る。

秋風に水俣落つる木の葉かな　（島津軍新納忠元《にいろただもと》）
寄せては沈む月の浦波　（相良軍犬童休矣《いんどうきゅうい》）

犬童休矣は相良清兵衛の父親である。当時の戦国武将たちはとても粋でお洒落でダンディ。鉄砲にも独自文様を飾ってほしいと注文するぐらいだから、自分の心を歌に託すのは当たり前。漢詩であれ和歌であれ連歌であれ、大将になるほどの器量人なら作歌の嗜みは必要かつ当然のことだったと思われる。不得手の人には辛い作業だったかもしれないが。

江戸時代になっても「相良家の歌道」は続く。しかし、詠う女たちは何処にいる？　相良清兵衛の娘明窓院《みょうそういん》や相良頼寛夫人心珠院《しんじゅいん》等のように、辞世の歌を残した藩主夫人たちもいたけれど、とても数少なく、女たちは歌道とは無縁だったのではないかとさえ感じられてしまう。いいえ、そんな筈はない。教養講座を終了して嫁ぎ、産み、育ての奥の世界を生きるからこそ、心の底から湧き上がる、命の叫びともとれる歌が詠えたのではないかと私は思う。小野小町や紫式部、清少納言とはいかないまでも、相良女性たちの詠う底流があったに違いない。

時代を下って十九世紀になると、風流な藩主三十二代相良頼徳《よりのり》が自分主宰の歌会「繊月」を作って、家臣たちと例会を開いている。文政元（一八一八）年に隠居した頼徳は狂歌堂嶋人《しまんど》や繊

32代相良頼徳肖像画（市指定）

月亭の雅号で歌を詠んだり絵を描いたりして、悠々自適の老後を八十三歳まで楽しんだ羨ましい人物で、多くの作品を残している。江月亭清子《こうげつていせいし》、古今亭歌女《ここんていうため》、錦月楼浦子《きんげつろううらこ》、草紙亭冊女《そうしていさつじょ》、それに織亭綾女《しょくていあやじょ》。数は少ないけれど、男たちの中に女たちの名前が見える。拍手喝采の声を上げてしまった。彼女たちは誰だろう。謎解きは一通の古文書だった。

　江戸藩邸に祀られていた聖天尊が一時人吉に移されていたが、天保四（一八三三）年に再び江戸へ遷座となり、その御祝として「織月」メンバー二十九名が俳諧額を奉納しており、雅号と実名記録から女たちの存在が明らかになった次第である。江月亭清子は時の三十三代藩主相良頼之《よりゆき》夫人「於賀《およし》」で、文政元（一八一八）年に津和野亀井家から嫁いで以来江戸屋敷住まい。初月亭守人の雅号をもつ夫と共に頼徳の歌会へ参加したのだろう。天保七（一八三六）年出版の京都四方流歌集に選ばれた歌は、藩主妻としての華やかさと伸びやかさに溢れるものだった。しかしその二年後に病弱夫は隠居し、翌年には於賀自身が亡くなるから、歌人としては短命で作品の数も僅かである。

すずしげにしげれる庭の若竹ハ
　ひよけすだれとやがてなりなむ　（江月亭）

古今亭歌女は於賀お付の奥を取りしきる老女の繁尾である。実名は不詳だがなかなか艶っぽい作品を作るので人生経験豊かな人かな、と嬉しくなる。

雪と散花を見捨て行雁ハ
　そら寒からぬ故にやあるらん　（歌女）

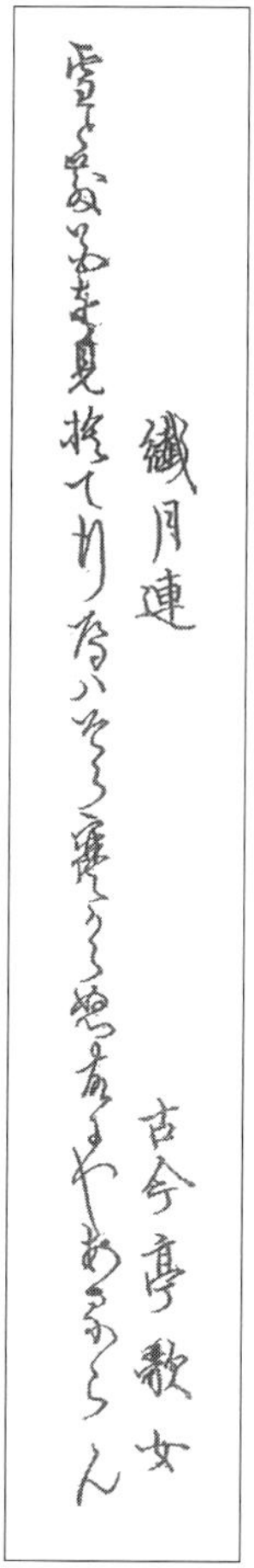

四方流歌集掲載の古今亭歌女作品

昔は十代で結婚するのが普通。二十四、五歳は既に年増で、それ以降は口惜しいけれど急勾配下り坂とか。奥の老女役歌女の年齢やルックスが気になる作品である。彼女と張り合っていたの

が草紙亭冊女と錦月楼浦子である。天保七（一八三六）年歌集に堂々発表は、

狩人もわけ迷ふ迄霞野を
　おのが名たてに啼ききかすかな　（冊女）
人の拂ふ枕の塵をくはへ来て
　床になしたる軒のつばくら　（浦子）

浦子は召使いのツヤ。藩邸奥に勤めていた行儀見習いの人物だろうか。ツヤは後に田鶴亭浦子《たずていうらこ》と改号して秀作を残している。ツヤのライバルが織亭綾女。織月亭（頼徳）や初月亭（頼之）の俳諧歌記録に二人の競詠を見ることができる。テーマ「旅行雪・冬夜月」の詠。さて軍配は？

一村もすぎてハなをも雪の旅
　道どもミわのしるしだになし　（浦子）
いもが事思ひやるにもうきくらす
　雪にふミ出てならぬ旅宿　（綾女）
冬さびし山のあなたへするどくも

きらめかしつつたちのぼる月　（浦子）

軒にかかるくもの巣ほかはちりほども
サハるものなき冬の夜の月　（綾女）

織亭綾女の歌から女ならではのしなやかで繊細な情緒が窺える。私の語り合いたい昔人のひとりだが、残念ながら今のところ片思い。澄んで冷たく鋭く光る「冬夜月」を、蜘蛛の巣を通して表現するほど理知的で素敵な相良女の道が現代の私たちに伝わっているのだと考えれば、楽しくなるし、自分の歩む女道にも勇気と自信が湧いてくる。

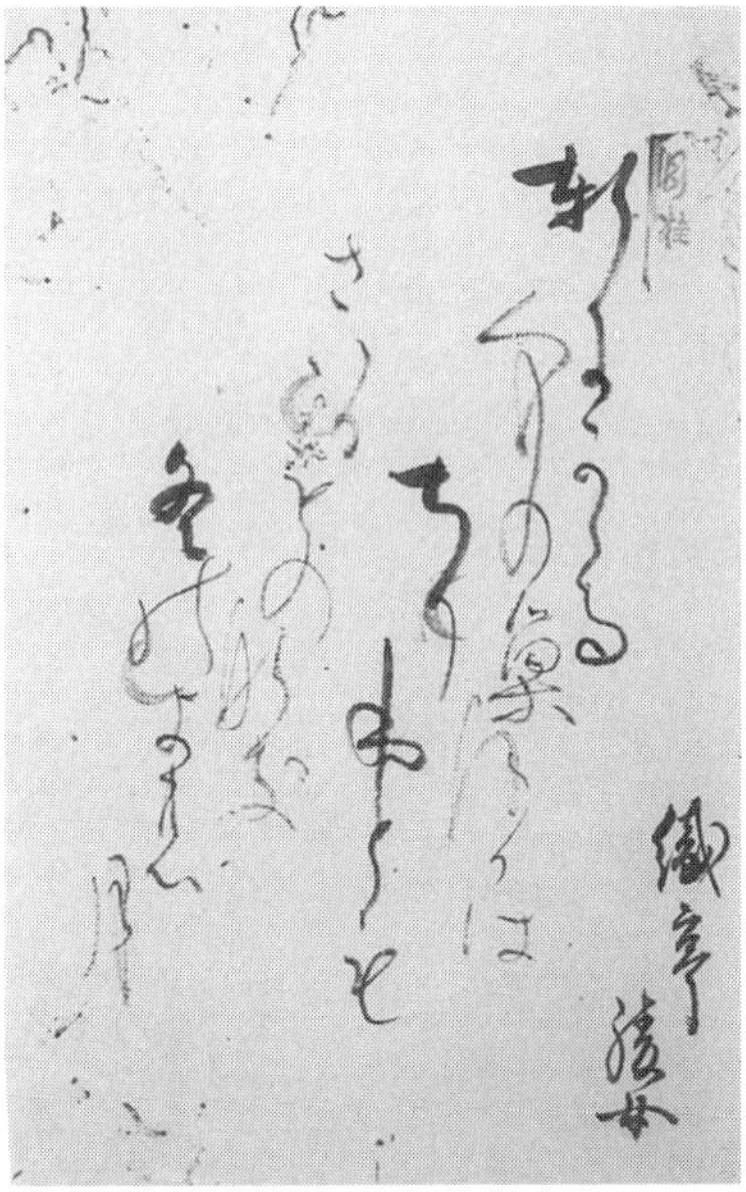

「冬夜月」を詠う織亭綾女（織月会の例会記録）

男中心表社会の中で自分を表現できた女流歌人たちはラッキーだった。奥に生きる詞を紡ぐことで、自分の生きた証と女の存在感を確実にした彼女たちへ「ありがとう」のエールを送ろう。

附けたりだが、寛政十（一七九八）年に相良村十島《としま》神社（国指定文化財）へ奉納された、「奉納俳諧の発句」板額があり、八十八句が掲載されている。詠者は薩摩から能登までの全国版で、女たちの熊本八人、淡海二人の名前もある。願主の「眠虎」が誰なのか、何を基準に俳人と句を選んだのかは不明だが、我が人吉からは十二名十五句が堂々並んでいる。女俳人の姿が見えないのは残念だが、この頃の内なる蓄積が、文化文政時代の歌会である繊月などの発芽成長に繋がって行くのだろう。

(2) 孫に相良史を語る新宮みや ❼

日本人の平均寿命は伸び続けている。団塊世代が後期高齢者の現在、日本中に元気なシルバーパワーが溢れ出て、どちらを向いても高齢者。まさに知恵袋の山、山、山。このパワーをどのように活かしたら良いか、日本の将来がかかっている。江戸時代の高齢者「新宮みや」は孫に昔話を語り聞かせて大きな影響力を発揮した。祖母の語りから歴史好きになった孫新宮庄太夫が、歴史資料や公文書を調査収集して纏めたものが『新宮庄太夫覚書』という歴史書である。

新宮庄太夫は江戸時代中期の有能な藩士で、寛政四（一七九二）年からの町奉行時代に綴った二年間のメモ『町奉行日記』は、当時の人吉町を再現彷彿させるほど多種多様、微細に書き込まれた素晴らしい記録である。人吉の藩校習教館教授東白髪《ひがしはくはつ》の大信寺での講話会や、相良頼徳へ

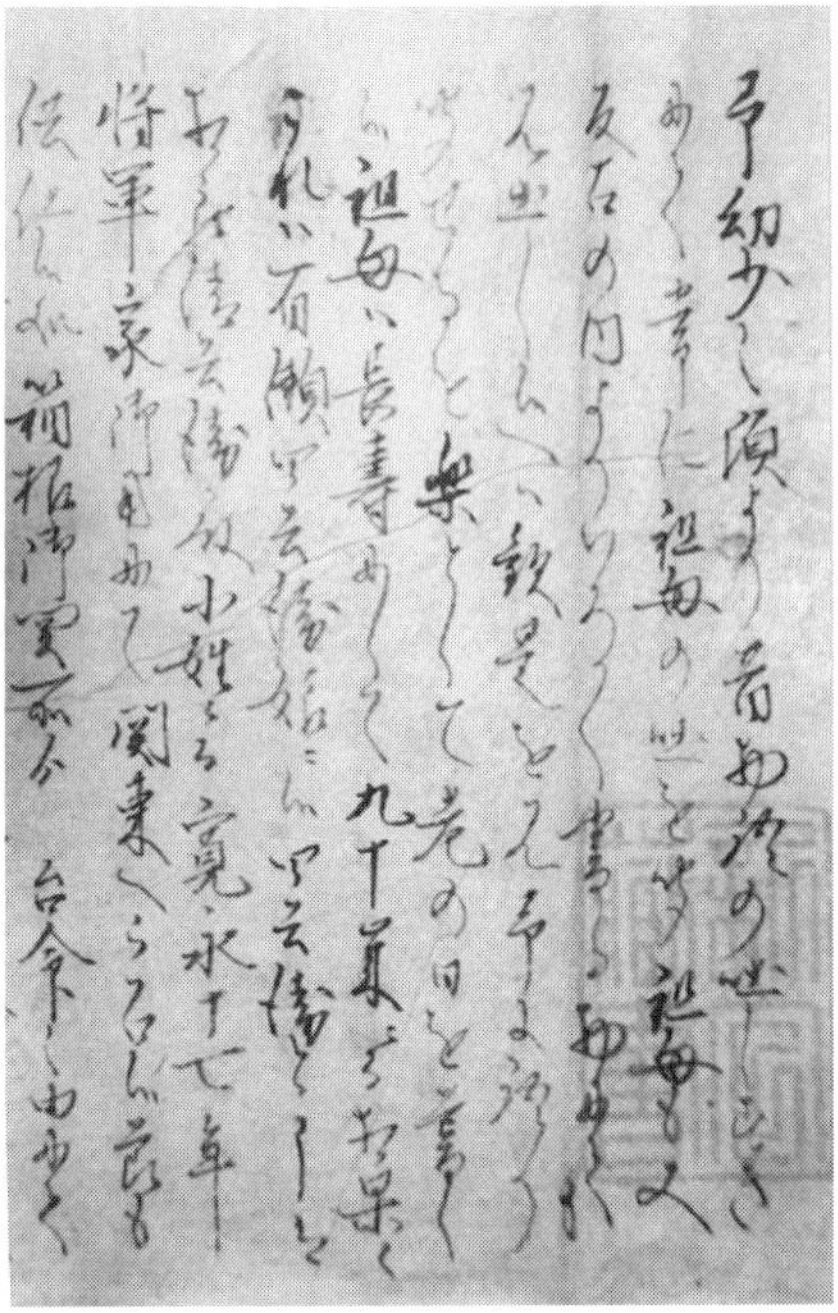

「新宮庄太夫覚書序文」（祖母みやの影響）

の突然な嫡子交替、島原の普賢岳火砕流「島原大変肥後迷惑」など、興味深い記事のオンパレードでわくわくする。庄太夫は研究熱心でメモ魔ときているから、小さな筆で書き記すことも厭わないし、さらに相良史を自分で纏めることに意欲を燃やして、独自の歴史観を築き上げるのである。歴史家新宮庄太夫を誕生させたのは、なんと、祖母の「みや」だったのだ。『覚書』序文には次のように書かれている。

「私は小さい頃から昔物語が好きでいつも祖母の話を聞いていた。祖母は反古紙《ほごし》を見つけるたびに私に昔々の話を語り聞かせるのを楽しみに老いの日を暮らしていたが、九十歳で亡くなった。

祖母は相良清兵衛の小姓役有瀬四兵衛の娘みやである。有瀬四兵衛は寛永十七（一六四〇）年相良清兵衛一件の時、箱根関所までお供した人で、当時の人吉の様子を娘に話していたのだろう。

祖母みやは激動の江戸初期を生き抜いた父親から多くのことを学び教えられ、それが孫の私に語られて相良史への興味が湧き、この覚書に繋がったという次第である。（部分抄出）」

みやの父は清兵衛流罪後は藩に仕えて三十石のスタートだったが、加増されて百石の郡奉行を務めるほどの実力者で、寛文元（一六六一）年誕生のみやが知る父親は安定期公務員の姿。事の深浅を弁えた四兵衛は昔の公事《くじ》については洩らさなかったそうだから、娘みやの聞いた話は清兵衛事件の核心に触れるものではなかったと思われる。

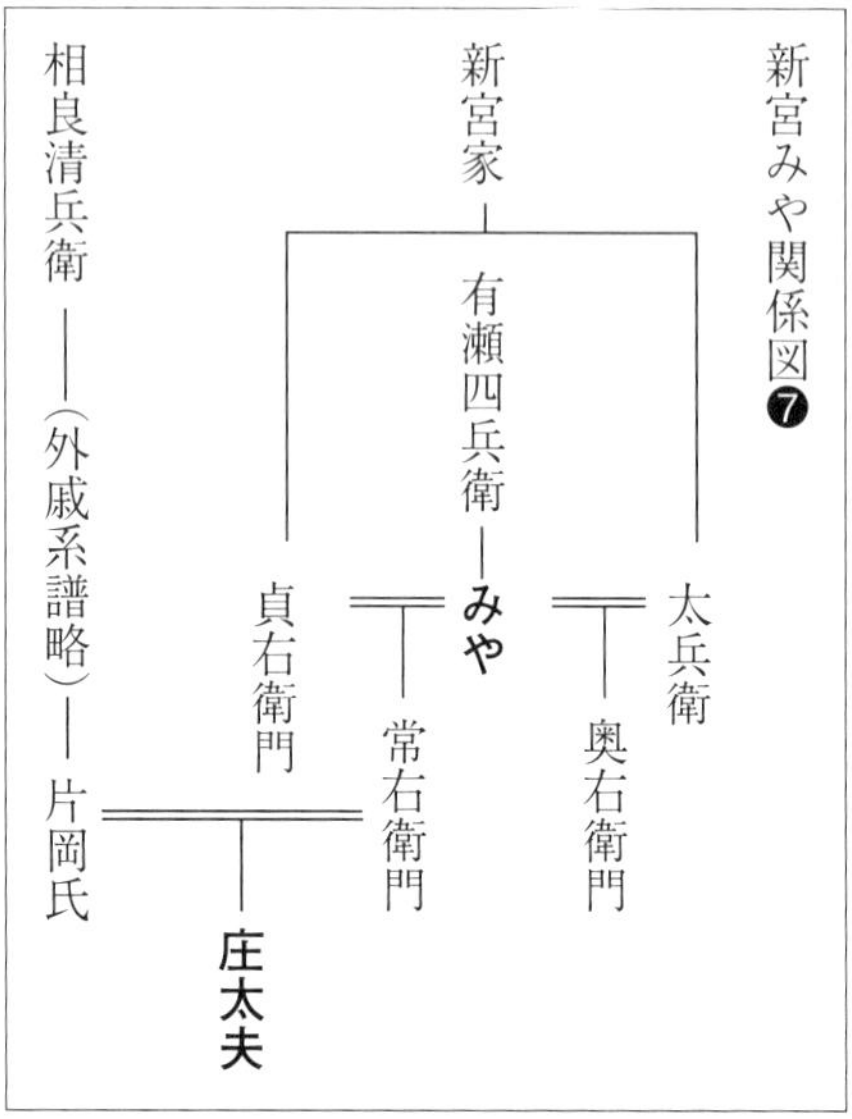

みやは延宝六（一六七九）年に新宮太兵衛と結婚するが、新婚夫が若死にしたので四歳年下の義弟貞右衛門と再婚する。みやの人生は決して平坦なものではなく、享保二（一七一七）年には江戸常盤橋勤番を命じられた藩主相良頼福《よりとみ》のお供で張り切って出府した夫が、同勤の那須八郎とトラブルになって人吉帰国の命がでる。納得できない貞右衛門の態度に対して知行取り上げの上、山田郷花山に蟄居の罰が与えられてしまった。余程の意地っ張りか、信念が強いのか、頑固なのか。妻は大変だ。救いは息子たちの立派さ

により二年後には罰が解除されたことだ。長男奥右衛門は別家新知百石が認められており、次男常右衛門（庄太夫父）も新知百石を頂戴して家督相続を認められ、夫貞右衛門も復職許可となった。しかしこの頑固夫は出勤せず、隠居生活にどっぷり浸かって行くのである。

毎日茶の湯を楽しみ、立花を好んで禅様式の雰囲気を醸すのである。また兵学の馬術・槍術・剣術などに邁進して腕を磨き、楽笛・蹴鞠などの遊技もプロ級を目指す。世俗の煩悩から離れて芸道に没頭する夫の日常を支えるのが妻の仕事になった。お陰で学問の素養に加えてみやの芸道への興味関心は自然と高まっていった筈。教養高き女性の誕生である。長男奥右衛門は若い時分に玉置流や喜多流能楽に学んだ藩の猿楽専門員だったから、新宮家の芸風は伝統的にハイグレード。夫婦ともに趣味を楽しむ姿が見えて微笑ましい。三百年も前のことである。

隠居二十年後の元文三（一七三八）年に夫を見送った七十八歳のみやが、四歳孫との昔語りを楽しむのはこの後である。みやの人生は当時の専業主婦としては普通だったのかもしれないが、輝いて見えるのは、江戸時代人吉における「幼児期の読み聞かせ」が実を結び、現代社会にもそのまま当てはまる実例となるからだ。それがお婆さんと孫との間に流れる時間の中で生み出されたということに、大きな価値がある。みやは孫庄太夫の覚書によって相良史にその名を留め、寛延三（一七五〇）年に九十歳で亡くなった。照厳智光大姉。永国寺に眠る。

第三章　相続問題に揺れる女たち

(1) 相良政太郎義休《よしやす》廃嫡一件

濱崎於見恵《おみえ》 ❽

三十一代相良長寛の息子相良義休が樅木九郎兵衛惨殺後に嫡子を廃された、寛政四（一七九二）年の一件は衝撃だった。江戸時代当時は士農工商の身分制度があって、同じ武士でも階級や序列が定められていたから、藩主の嫡子は当然次の藩主になる。一国一城の主になる嫡子とそうでない弟たちとでは同じ男ながら、天と地ほどの差があるのが当時の相続制度だったのだ。その嫡子義休が廃されて兄弟の頼徳《よりのり》が新嫡子に就任することになる。何とラッキーな青年だろうか。旧嫡子は正室の子、新嫡子は側室の子だから、この側室こそ息子の幸運によって自分も次期藩主実母の地位を獲得した羨ましい人物だと言えよう。

相良義休の事件によって大儲けをしたこの側室の名前は「濱崎於見恵」。彼女の一生からも母親の愛の形を知ることができそうだ。於見恵は京都出身で相良長寛とのご縁は分からない。明和六（一七六九）年一月に、備前岡山池田家の長寛が相良家養子となって藩主就任し、六月には於見恵も一緒に人吉初入りをしている。翌年十月には長女於愛が誕生しているから、於見恵自身は側室ながら第一夫人を自認していただろう。だが於見恵は正室になれるような身分ではなく、二

備前岡山池田家からの養子 31 代相良長寛肖像画（市指定）

か月後には長寛は尼崎の桜井忠名娘五百姫を正室に迎えている。家臣たちですら同格同士で結婚したり養子になったりする時代だから、大名の妻には相応の家柄が求められたのである。長寛婚姻により江戸藩邸と地元人吉城それぞれに奥の勢力が形作られていく。

夫長寛は参勤交代で一年毎の江戸在府と人吉在城が義務づけられていたから、於見恵の所に帰ってくるのは一年おきということになる。江戸の正室に負けてはいられない。精一杯のお世話をしよう。於見恵は明和七年から安永九年までの十一年間に五人の子どもを出産する。長男頼徳誕生は安永三（一七七四）年で、正室桜井氏の嫡子義休出産より八か月も前だった。十八年後の嫡子交替劇を演じる二人は既に誕生時点から「何か」を感じさせる要素を含んでいたようだ。正室は義休を一人っ子として育てるが、天明元（一七八一）年六月に、七歳の我が子を残して逝去する。「華額蓮紅」の鮮やかな法名が哀しい。天明年間は教育による人材育成や藩政改革へのエネルギーが高まる時期で、嫡子義休も細井平洲先生講義を聞くなど家臣に守られながら歩いている。しかし、婚約者の稲葉能登守娘於伊佐の死が伝えられた十三歳ごろから暗い影が漂い、家臣に与えた書も「宝玉」の無邪気な明るさから、命への深い想い「南山如壽」へと変わっている。

江戸の若様が藩主道を学んでいる頃、人吉の於見恵は何をしていたのだろう。長寛の子ども誕生は安永九（一七八〇）年の於見恵三男義徳を最後に、江戸奥も人吉奥も静かになって記録上何処にも側室の陰は見えない。於見恵の独り舞台が続いている。息子たちの元服後は丈夫届を幕府に出せば、後は養子先を選ぶだけ。しかし歴史は動く。寛政四年一月に江戸で長寛侍女が女児出産。まさに空白の十二年後、突然、藩主長寛に子どもが誕生したのだ。加えて正室桜井氏没後の江戸屋敷奥に、長寛の寵愛を受けて四人の子どもを産む中村氏という女の存在が感じられるようになり、於見恵の心は揺れるのである。若い側室と子どもたち？　我が子はどうなる。

事件はこの頃起こるのだ。寛政二（一七九〇）年十一月於見恵息子たちの丈夫届け、同三年一月嫡子義休の将軍お目見え延期願い、四月頃長寛侍女懐妊、同四年一月女児出産、六月女児死亡、そして九月二十五日に義休の樅木九郎兵衛殺傷事件へと流れ下っていくのである。義休の周囲に渦が巻き、後世研究家の推測を呼び起こす歴史の悪戯が、恐怖の楽の音を奏でるのである。この事件で於見恵は思いがけない出来事に震えた事だろう。人生に廻って来るという三度のチャンス（長寛との出会い・嫡子の多病と我が子頼徳の健康な成長・今回の殺傷事件）は於見恵中心に滑っていった。新嫡子の頼徳が幕府公認となった寛政五（一七九三）年三月は於見恵が一介の側室から、次期藩

相良義休関係図❽❾（数字は藩主の代を示す）

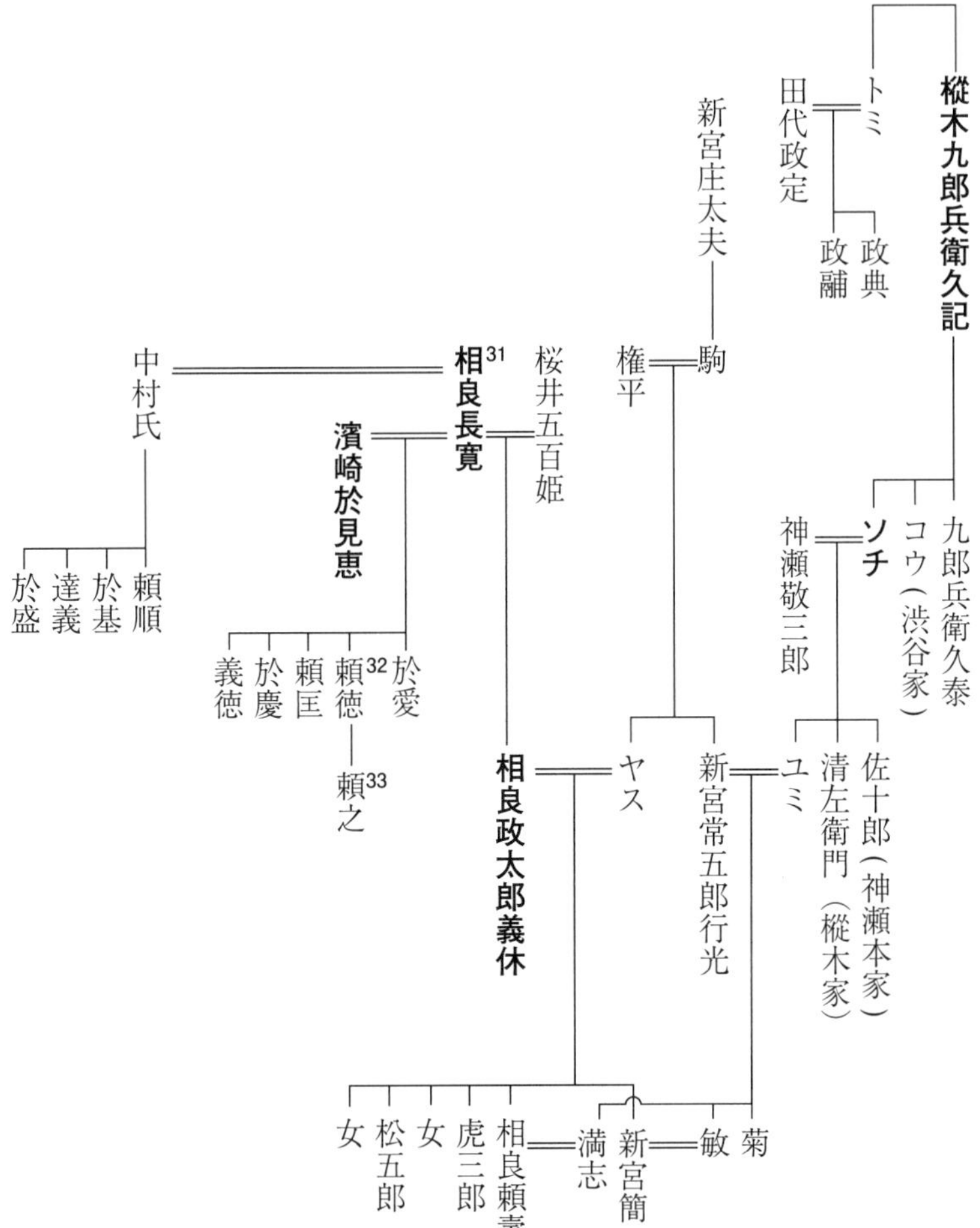

濱崎於見恵の墓（願成寺）

主実母の地位と名誉と富を手に入れた記念すべき瞬間だった。奥の最高実力者はパワー全開で表にも影響力を発揮する。家老米良氏が藩主就任直前の若い頼徳に奥についての考えを述べている。

「アップアップの藩経済を立て直すための倹約令を出しても、奥社会は奥方や年寄役が仕切っているために、表の政策がうまく行き届きません。奥は国家の風儀や藩主自身の徳にまで影響する所ですから、出入り自由のお殿様からお伝えください」。

奥の凄い力が見えるようだ。果たして風流好みの頼徳にどれ程伝わって実現の意欲があったかどうか、家老の頭痛が理解できる。我が道を進む於見恵は寛政九（一七九七）年に溝口出雲守に嫁いでいた娘於慶を亡くす悲しみに見舞われたが、享和二（一八〇二）年の頼徳藩主就任、文政元（一八一八）年の息子頼徳から孫頼之への確実な家督相続を見届けて後、夫長寛の十三年忌にあたる文政七（一八二四）年十二月十七日、彼の岸へ旅立った。観智院鑑山自照大姉。願成寺に葬る。

樅木ソチ ❾

嫡子相良義休の樅木九郎兵衛惨殺事件は藩を揺るがす一大事。事を穏便に済ませるには、「義休多病」理由の廃嫡と義兄頼徳を新嫡子に据え、事件を隠密裡に葬ることを決めたのである。この大事件の記録が一切残っていないのも頷ける。事件は闇の中、歴史からの抹消を意図した人吉藩だったが、「此節之一件、内密之御取計故、内分ニ而申聞候様ニ……」と書かれた、当事者樅木家文書数点（現在市教委寄贈）の中に、事件暗部を残していたのである。幼い嫡男権十郎久泰の家督相続を認める、との藩主直々の命による樅木家御家安泰と、江戸大安寺での九郎兵衛葬送時に弔代銀十枚を与え、樅木家遺児三人が成長するまでは親類が世話をせよと伝えることが、義休の父藩主長寛、精一杯の心遣いだった。

三人の世話をしたのが九郎兵衛妹で、田代政定妻のトミだった。叔母の躾は厳格で、大樹父親のいない子どもたちの今後を考えればこその、凛とした武家妻女の教育だった。無事成長した長男久泰は樅木家当主に、長女ソチは神瀬《こうのせ》敬三郎妻に、二女コウは渋谷家妻となる。しかし突然の父親死去に始まったソチの波乱の人生は、まだ進行形だった。

ソチの夫神瀬敬三郎は優秀な人物だったようで、江戸の細井平洲晩年の門下生。享和元（一八〇一）年に人吉藩邸で最後の講義をした平洲先生が病気で倒れた時は、看病の為に帰国を延ばし

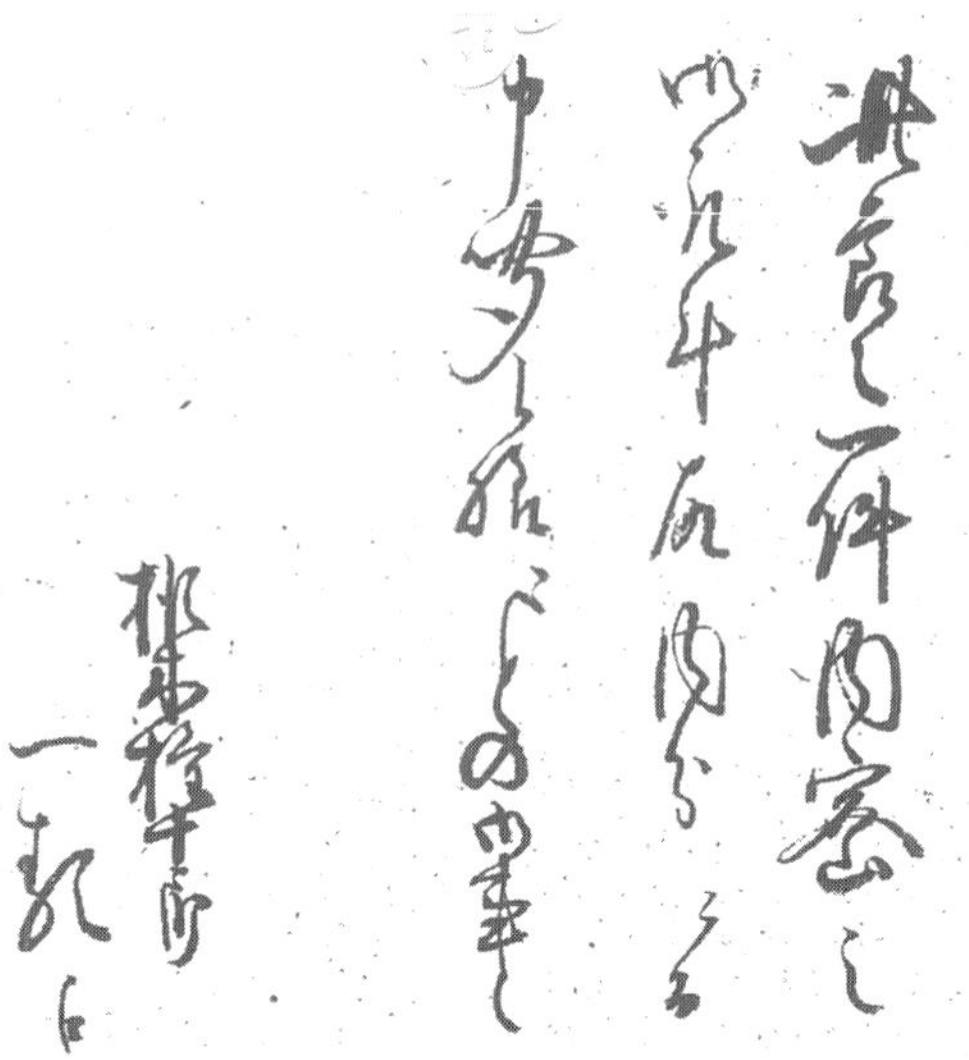

樅木家文書（市教委所蔵）内密の取計故内分に

ている。二人の結婚はこの後で、勘定奉行の仕事にも学問にも励む夫敬三郎との結婚生活は三人の子供にも恵まれて、平和で穏やかな日々だったが、ある日突然、ソチは神瀬家を出て行った。「故有りて離別」。理由も時期も不明。その後の足取りを探す手がかりもなく、ソチの姿は相良史から永遠に消えてしまった。

ソチの嫁いだ百石神瀬家は中世の城跡原城にあり、武家屋敷が並んでいた所である。ソチの家から二軒先には夫の実家（敬三郎は神瀬分家からの養子）があるので両家は隣保班といえる距離。ところが、分家神瀬家の隣地は、いつからか「原城ご隠居様（義休）御屋敷」となり、あの忌まわしい事件が蘇る。実は事件二年後には義休は人吉送りとなって、原城の養生所では半ば押し込めの形で、自由に歩き回る状況ではなかったようである。事件十年後、ソチは何も知らずに嫁いだのだろうか。近隣に父の敵が住む日常をソチは如何に耐え続けたか。

ソチの我慢の限界は文政元（一八一八）年十月の三十二代頼徳から三十三代頼之への家督相続

後のことである。頼徳の藩主活動期間中、義休の妻帯は禁止されていたのだが、四十四歳の今ようやく許可がおりたのだ。新宮ヤスと結婚した義休に次々と子どもが生まれ、七歳で母を亡くした彼は初めて家庭の温かさを知るのだった。これがソチの平常心をかき乱したのかもしれない。憎い相手でも自分の視界になければまだ辛抱できるが、幸せな日々を過ごす敵の姿には殺された父の無念さが再来し、ソチの心はずたずたに壊れ始めたのだろう。離縁までの葛藤は想像するだけである。離別後の神瀬家は後室に息子ができて、ソチの長男佐十郎は神瀬分家の養子に出されるが父没後には元に戻り、次男清左衛門はソチの実家樅木家を継ぎ、長女ユミは新宮家に嫁いでいる。しかし、歴史はソチの思いもしなかった方向に進んでいく。

ユミの夫新宮行光は相良義休妻となったヤスの兄弟で、ソチの孫にあたるユミの娘敏（トシ）の夫には、ヤスの息子箇《たけま》が養子に迎えられるのだ。つまり、寛政四年の事件被害者樅木九郎兵衛曽孫と、加害者相良義休の息子が結婚して、新しい血脈を作ったということなのだ。歴史の悪戯か、それとも優しさなのか、温かさなのか。ソチの想いはどうだろう。離縁後のソチを語るものは何もない。

(2) 五日町若宮社創建　永富（留）頼常継母 ⑩

相良七百年には色々な事があったとか。中世相良家、我が息子を跡継ぎにと願うあまり、自滅の道を辿ってしまう哀しい女を紹介しよう。貞治四（一三六五）年、六代相良定頼命により人吉筒口梅花（五日町）に若宮社が創建された。三十年ほど前に謀反の疑いで成敗されていた菊池夫婦墳墓のある場所だ。何故、菊池夫婦は謀反を企てたのだろう。

鎌倉時代は源頼朝の妻北条政子血筋である北条得宗家が政治のトップにいたのだが、それに不満を抱く人々が後醍醐天皇を仰いで鎌倉幕府を滅亡させる。「建武の新政」、一三三三年の事である。武家代表の新田義貞軍に相良家の五代頼廣も加わっており、相良勢には山田城主永富頼常もいたのだが、激しい戦いで討ち死にしてしまう。これが事件の発端だった。頼常には息子頼積がいたから通常なら彼が三代目になる筈なのだが、頼常の父頼明の後室、つまり頼常継母にも松次郎丸という子どもがいて、継母は実の息子に家督相続をさせたいと野心を起こす。それで夫頼明亡き後自分に言い寄っていた菊池肥猪を利用して、鎌倉での追善供養に参加させ、同時に松次郎丸の家督相続許可を取り付けた。菊池は得意満面。長年憧れ続けた継母との結婚は最高のご褒美だ。

永富頼常継母関係図⑩（数字は藩主の代を示す）

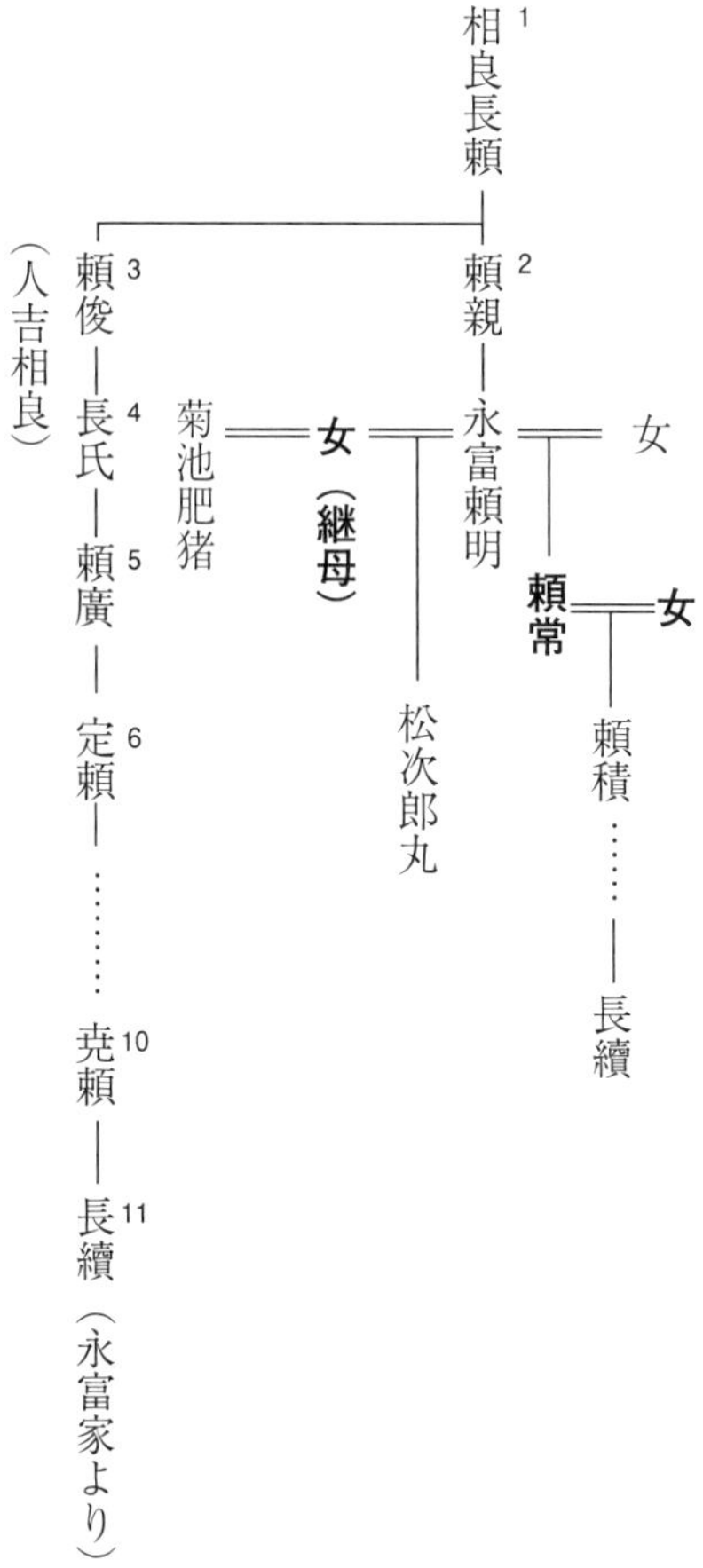

継母は大した女である。誰もが躊躇する不安定な鎌倉での大仕事をさせることで、菊池の武人としての地位を確立させ、その上で結婚して、庶子たる我が息子を山田永富家の相続人としたのである。結婚という形の女を最大限利用して、息子への愛を当主の形で実現化。正室ではない自分の地位を当主実母の貫禄と存在感にまで押し上げたこの奢った権力欲。何というしたたかさだろう。女の性悪さを『嗣誠獨集覧《しせいどくしゅうらん》』は書き綴る。悪事で手に入れた我が世の春には天罰が下るのだ。血脈は正当に継ぎ繋がっていかねばならない。永富頼積母である頼常の正室は、仲間を集めて菊池夫婦を追い落とす機会を窺っていたようで、十一月十八日に夫婦を殺害して、球磨川沿いの筒口梅花の小さな墳墓に葬った。息子松次郎丸の命は助けられたが、永富家系譜に彼の名前はなく、三代は正統頼積《よりずみ》が嗣いだ。

ところで、継母の元夫は人吉相良二代頼親の息子頼明である。相良頼親は当主就任二年で弟頼俊に家督を譲って山田に隠居し、その流れが山田永富氏だ。文安五（一四四八）年に突然、九代の永富長續《ながつぐ》が人吉十一代城主となるのである。人吉十代当主相良堯頼《たかより》が多良木相良家から菱刈に逐われて、永富長續に後事を託して死亡するという当主交代劇が余りに物語的なので、永富氏出自に関する研究者もいるほどだ。となれば、頼常継母御家騒動は永富氏が人吉城主就任以前にも、人吉相良家に確かな足跡を残していたという存在証明するためのものという気配を感じてしまう。歴史の何が真実なのかは誰にも分らない。だからロマンを感じるのだろう。

菊池夫婦墓（五日町若宮神社境内）

若宮社は文明十七（一四八五）年に十二代為續《ためつぐ》再興、寛永十八（一六四一）年拝殿造営、寛文五（一六六五）年本殿改造と歴史を歩み続けて行く。「宮前ノ古墳」と記される菊池夫婦の墳墓は時を経て、「菊池夫婦塚正慶二（一三三三）年」の石碑になって神社境内奥に座している。江戸時代人吉城下五日町は船問屋、材木商、呉服屋、紙屋、石屋など八十九軒が並ぶ賑やかな町人街だった。若宮社は五日町人々の守り神になったのである。神社建物や鳥居、猿田彦石碑、石灯籠、漱盥、井戸など、江戸時代神社境内の雰囲気を今に残す若宮神社。名もない継母に感謝である。冥福を祈ろう。

永富氏は永留氏とも書くが、ここでは『嗣誠獨集覧』記載の「富」を使用した。

(3)　二十三代相良頼福《よりとみ》夫人の養心院と真光院 ⓫

相良七百年を支えたのは女たちだ。表舞台で相良史を綴る男たちを出産して、大事に育てあげ

23代相良頼福肖像画（市指定）

るのは女たちの大きな仕事だったし、それがなければ現代の私たちに繋がる歴史は決して存在しなかった。女のめざましい活躍を歴史書から探すのは至難の業。女は奥にいて見えない仕事に追われる人生を歩いてきたから。しかし封建社会の何時、何処にいても一生懸命に生きる女たちは輝いていた筈。江戸時代相良家の中で、江戸と人吉それぞれの奥を支えた藩主夫人二人がどう生きたか、探してみよう。

二十三代相良頼福正室で江戸藩邸奥の主人「養心院玉臺自温」と、側室の人吉奥を束ねる「真光院如元貞實」は、遠く離れた生活の場で、隔年ごとに夫の寵愛を受け、次々と子宝に恵まれて人も羨む幸せな女道を歩む二人だった。夫は人吉藩主だから、息子の誰かが跡を継いで殿様になることが決まっている。嫡子になれない男子は家来格になるから、母の想いは色々錯綜して複雑なことだろう。頼福は四十二歳の高齢になって嫡子の地位が転がってきた運の良い人物で、薩摩瀬《さつまぜ》屋敷時代に渋谷常との間に生まれた娘於満《おまん》は、既に片岡正満と結婚する年になっていた。新藩主に相応しい正室として板倉内膳正重種養女の養心院が嫁いでくるが、娘の於満より二歳も若かった。事情がどうあれ、藩主夫人ですら『寛政重脩諸家譜《かんせいちょうしゅうしょかふ》』に書かれたことしか分からないことが多いのだから、私たち一般人の人生が歴史に埋没するのは当然のことと思われる。

正室の養心院はそれなりの御家柄を後ろ盾とし、仲立ちを通して奥に正座したが、領地人吉の奥方真光院は原田村西家出身の家来筋である。彼女は頼福好みの見目麗しく才長けた人吉妻なのだろう。江戸の養心院には息子が三人生まれたが長男長興《ながおき》以外の男女子どもたちを次々に亡くしてしまう。それに比べて真光院の産んだ息子四人は丈夫にすくすく育って成人する。養心院の一人息子長興への期待は絶大で、長幼の序を重んじる徳川幕府の在り様から、正徳二（一七一二）年九月に長興が二十四代藩主に就任して、母親は安堵したに違いない。彼女は藩主実母の地位を確実にものしたのだ。その時真光院長男武慶は赤星姓を頂戴して家臣列になったのだが、享保三（一七一八）年、二十二歳で若死にし、その頃から歴史が動く。

新藩主長興は不健康で体が弱っていきつつあり、豊後日出《ひじ》の木下家から迎えた姫との間に和子誕生も望めなかったのだろう、真光院の三男長在《ながあり》を嫡子認定するのである。長在は藩主代行の仕事を意欲的にそつなく勤め、新しい力を藩内に示したのだ。享保六（一七二一）年七月、長興二十九歳から長在十九歳への家督相続が行われ、藩主実母は養心院から真光院へ移ったのである。実は前年三月には夫頼福が亡くなっており、養心院は赤坂下屋敷に新居を建てて比丘尼《びくに》生活をス

相良頼福夫人養心院・真光院関係図⓫（数字は藩主の代を示す）

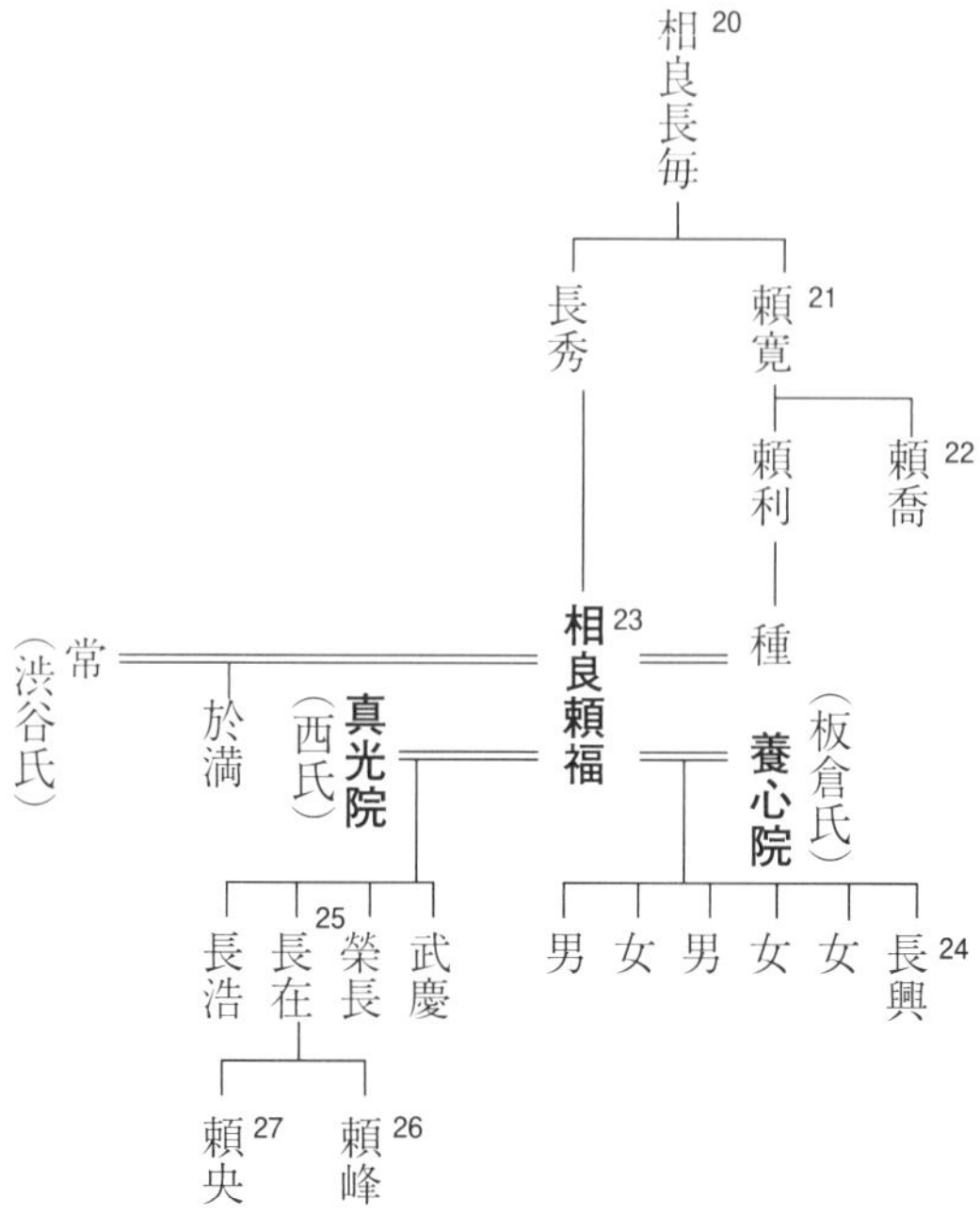

タートしていた。これからは隠居した愛息長興夫婦と共に夫の菩提を弔う日々を過ごす事になる。江戸藩邸の奥主人は新藩主長在の正室秋月種弘娘となった。繰り返される歴史の一コマだが、何かしら重い。

人吉の真光院にも悩みがある。我息子長在が藩主となりはしたものの、次男榮長が同年二十一歳の若さで深水瀬戸山（相良村）に隠居する。何か不自然な感じがする。残念ながら私たちには分からない。事情を知っているだろう母親の真光院、女の自分は黙って見ているしかない男社会の在りように、決して穏やかではなかった筈。「忍」の一字は強い女の代名詞。真光院は夫頼福の菩提を弔いながら息子長在治世のために、人吉奥を強固に纏め上げる決意をするのである。五年後の享保十一（一七二六）年、人吉で長在の側室おりつが出産後に亡くなった際の葬儀や、孫娘於為《おため》の下屋敷移住などは、真光院采配で行われる。気丈な母の姿が心地よい。

江戸の養心院は享保十九（一七三四）年十月に、息子長興を見送った二週間後に浄土の人となった。まさに息子と共に歩いた母の一生だった。この年までに長在以外の真光院息子三人が既に鬼籍に入り、四年後には藩主長在も参勤交代帰路の豊後大里《だいり》で病死して、孫の頼峰と頼央兄弟が続いて藩主に就く。しかし後が続かず、真光院血脈は宝暦九（一七五九）年、「竹鉄砲事件」の頼央謀殺により途絶えたのである。その後は養子藩主四人が続いて、備前岡山池田家の流れが幕末の人吉相良家を支えることになる。

寛保元（一七四一）年五月に亡くなった真光院の墓碑は、原田村西門の同族である愛甲家が修験者となって代々守り続けている。相良女性史極奥で静かに光彩を放つ真光院だが、息子たちを見送り逝く母の姿はどこか痛ましくも感じられる。彼女の心境を今に伝える古文書類にまだ出会ったことがなく、声が届かない。

第四章　相続権を持つ鎌倉時代の女たち

(1)　土地持ち分限者の女たち

尼妙阿《あまみょうあ》 ⓬

第二次世界大戦後制定の日本国憲法（一九四六年）により、女性にも政治参加の資格が与えられて漸く、個人として、男女の別なく、自由意志による女の道を歩いて行ける下地ができたことになる。同時に妻や子供全員に遺産相続権を認める新民法ができて、女も当然相続財産持ち（時には借金持ち）の喜ばしい立場となった。そういえば、数十億の遺産を貰ったものの相続税逃れのためか、現金を段ボールに詰めて無造作に置きっ放しにした脱税女の記事はいつ頃だったか。何とも羨ましい話が記憶に残っている。

文永六（一二六九）年十月十日、尼妙阿は迎蓮《こうれん》入道（三代相良頼俊）に釈迦堂前の土地を譲渡する。慶応大学所蔵「相良家文書（国指定重要文化財）」は中世相良家を知る大事な資料で、この中に尼妙阿の直筆サインつき古文書があって、女ながらも自分所有の土地を自由に譲渡できる権利を持っていたことが分かるのである。頼俊は尼妙阿から譲渡された鎌倉の別地を二十年後の正応三（一二九〇）年には次郎頼季《よりすえ》に譲っている。尼妙阿はかなりの土地分限者のようだ。実家の財産が既婚者にも分配されていた平安時代からの流れが鎌倉初期にも見られ、結婚した夫の財産も加えた女たちの中には、相当の資産家もいて「女地頭」も出現したとか。鎌倉幕府の法律『貞永《じょうえい》式目《しきもく》』には女への財産分与が認められ、理不尽な離婚の際には夫から譲られていた所領を返す必要はないと明記されている。今から七百年以上も前なのに鎌倉時代って進んでいる。そういえば、北条政子は夫源頼朝の浮気相手の家に火をかけたり、夫死後の幕府実権を握ったりと、生き生きとした女丈夫の強いイメージがあるのは財力のおかげかもしれない。しかし、女の自由が野放しに認められていたわけではなく、当時も貞操観念は厳しく要求され、「妻の不倫は厳罰だ」と貞永式目が叫んでいる。夫没後は何をさておいても菩提供養に専念せねばならないし、やがて所有財産も亡父の子息に返さねばならない時代が来る。

さて尼妙阿とは何者ぞ。初代相良長頼の妻なのか、或いは娘なのか、諸説紛々。妻ならば建長六（一二五四）年没夫の遺産一部を十五年後、息子に生前贈与したことになり、娘ならば父から譲られた土地を当主の兄に再び譲る形となるので、現代風には遺産放棄だろうか。相良家文書に目をやれば、文保二（一三一八）年、尼妙阿が娘の「阿夜《あや》」に人吉の「刁岡名《とらおか》」という土地を譲っている。この土地は六十年以上も前に父長頼が娘妙阿に譲ったことを、妙阿の兄三人（頼俊他）が認めている土地であった。尼妙阿は長頼娘とある。彼女には息子が数人いたのだが母親より先に亡くなったり、勘気を蒙って逐電したりして、娘の阿夜しか残っていなかったのだ。尼妙阿は財産持ちだけれど、思うほど幸せではなかったのかもしれない。

娘への財産譲渡は幕府に認めてもらって初めて公文書になる。嘉暦二（一三二七）年の四代相良長氏《ながうじ》宛の幕府書状には、「蓮佛（長頼）女子尼妙阿申　肥後国人吉庄南方ヲ岡名地頭職　安堵事」（長頼の娘尼妙阿に人吉庄南方のヲ岡名地頭職を安堵する）と相続好調で、尼妙阿の長頼娘公認まである。江戸時代末期の家老田代政鬴《まさかま》考察は、「三郎入道蓮佛の女子尼妙阿とあるから、妙阿は長頼娘犬童女法号に疑いない（求麻外史）」と自信満々が頼もしい。いずれにしても「あまめうあ（自署）」は謎を残したまま、あの世から私たちを見守っている相良女のひとりと言えるだろう。

長妙女《ちょうみょうめ》と長者女《ちょうじゃめ》⑬

父から生前贈与された土地なのに、時代の流れから取り上げられた可哀そうな娘もいる。尼妙阿が譲り状を書いた五年後の文永十一（一二七四）年、蒼き狼チンギスハーンの建国したモンゴル帝国（元）が、五年後の弘安四（一二八一）年も加えて前後二回、わが日本国征服をもくろんで九州を襲撃したのだ。元寇《げんこう》と言う。相良氏も参戦して粉骨砕身、多くの家来たちが戦死した危機勃発。でも不思議、なぜかいつも台風がやって来て元軍は壊滅状態となり、私たちは外国統治を免れたのだった。ところが残念な事に、この大事件が女人にとっては財産権縮小への道を辿ることに繋がるのである。

どんなに莫大な財産でも多くの子どもたちに分与して夫々が独立して行けば、一族の勢力は弱まっていく。さらに女子は財産を貰っても元軍再襲来に備えての北九州警護役という、奉公の大事なお役目を果たすことが出来ないのだ。幕府はこれに着目して御触れを出す。「西国御家人の子女に対しては当分譲与を禁止する」。相良長頼六男の頼員《よりかず》は初回元寇時には、二女「長者女」の夫願心房を自分の代官として戦場へ送り、以後も異国警護役を引き受けた娘婿に心から感銘感激して、お礼に自分の財産を与えたいと考えた。結果、既に二人の娘は等分の財産を貰っていたのだが、父頼員は長女「長妙女」に与えていた分から取り戻してそれを譲ることにしたのである。長女には「うとのくち田地一町・北のたけ園一ヶ所」だけを与え、「犬童丸名田地屋敷」他すべてが、二女長者女に所有権移行となった。夫の願心房ではなく妻名義での正式登録は、たとえ娘婿ではあっても吾が財産を他人に譲渡することは躊躇されたし、この形が一般的だったのかもしれない。

相良頼員は二度目の元寇には兄頼俊に従って出陣し、幕府褒賞を受けている。それにしても姉長妙女の心底を想えば納得できない。長妙女には元寇に立ち向かう夫がいなかったのだろうか。「先に出した譲り状があるからと言って、姉長妙女が妹長者女の所領に対してあれこれ言うのは間違いだ。その時は幕府に訴えて罪科に問われるものである」と、念入りに書かれた父から娘への譲り状。姉妹のその後が気になって仕方ない。

男たちの戦場での働きが重視されるにつれ、女たちの財産取得権は先細り衰退し、次第に一子相続が一般化して、子女は家長の扶養下に入っていくのである。

命蓮尼《みょうれんに》 ⑭

昔々、球磨は球玖《くく》・久米・人吉・東村・西村・千脱《ちだつ》の六郷に分かれており、各地の豪族が勢力を持っていた。元久二（一二〇五）年に相良長頼が人吉庄の地頭に正式就任して後は、郡内を纏めながら相良七百年を築いて行くのである。ところが、鎌倉時代中期頃に人吉の土地半分が幕府に取り上げられてしまうという（下地中分）大事件が起こり、どうもそれは女の所有財産に起因するようである。彼女の名前は「命蓮尼」、初代長頼の娘である。

人吉初代相良長頼肖像画（市指定）

相良史は長頼父頼景の多良木下向（一一九三）に始まるのだが、遠江国相良荘（静岡県牧之原市）からの一族大移動は、相良氏の定住地を幾つか作り上げた。熊本県内の山鹿・玉名方面だけでなく、兵庫・佐賀・福岡・大分・鹿児島など各地の相良姓をお持ちの方々は何らかのご縁ある家柄だと想像できる。長頼弟の宗頼は山鹿地方に所領を持ち内田氏や高橋家に分かれていく。長頼末娘虎若女は叔父宗頼の養女として育ち、成人後愛甲九郎景元と結婚するのだが、夫に先立たれて後出家して命蓮尼

相良長頼関係図⑫〜⑰

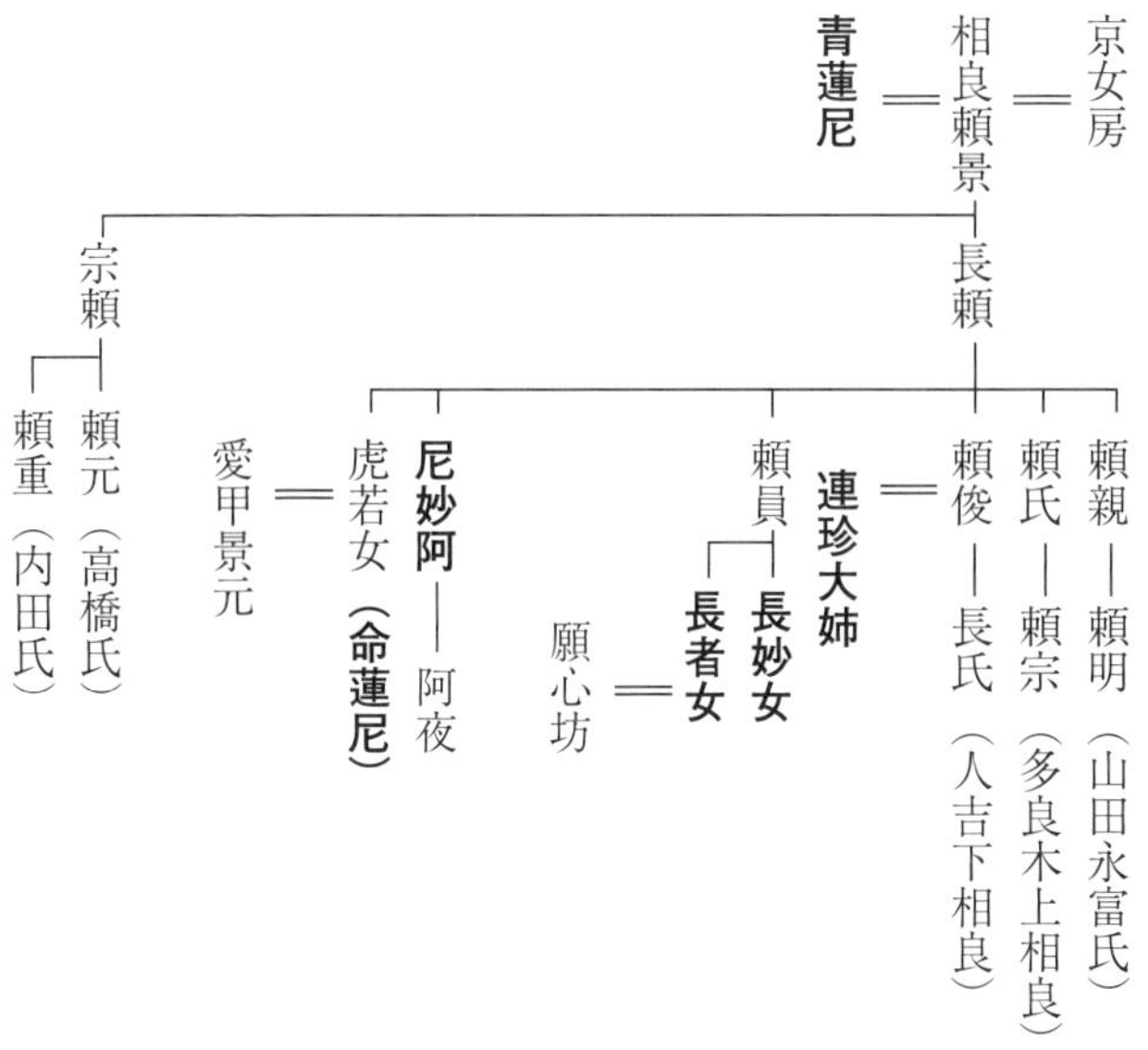
京女房
相良頼景
青蓮尼
長頼
宗頼
頼親
頼明（山田永富氏）
頼氏
頼宗（多良木上相良）
頼俊
長氏（人吉下相良）
連珍大姉
頼員
長妙女
長者女
願心坊
尼妙阿
阿夜
虎若女（命蓮尼）
愛甲景元
頼元（高橋氏）
頼重（内田氏）

願成寺相良家墓地（県指定）手前右から２代３代４代の墓、長頼墓は下方の垣に囲まれている所

を名乗る。承久の変（一二二一）で病死した宗頼は、生前養女の命蓮尼にも山鹿郡高橋や早瀬小中島の田地を譲っていた。しかし、彼女の土地の地租税収入を、こともあろうに宗頼実息の相良頼重が自分のポケットに入れ込んだとかで大ごとに発展するのである。

命蓮尼の実家である人吉相良の父長頼が乗り出して、自分は娘の後見人だと言って代官を派遣し、頼重横領を防ごうとする。しかし頼重側にも言い分がある。前々から長頼と甥の頼重とは親戚同士で不仲続き。諸条件が重なれば一触即発なのだった。頼重と兄頼元は父祖伝来の土地を譲渡されていたが、兄弟不仲の時はその管理を伯父長頼に託すという文書があったらしく、それを楯に長頼は甥の領地にも代官を差し向けて、自分の支配下に置こうとしたのだ。兄弟不仲説を有力にしたのが頼重と兄嫁の密通だとか。ここに到ればまさに三面記事の突撃番組編だ。頼重も黙ってはいない。肥後国の山井名や高橋、球磨の多良木などの土地や物について伯父の理不尽さを幕府評定所に訴えるのだ。お互い証拠書類を揃えて自分の正当性を叫び、相手の非を強調して勝利を目指す。鎌倉時代は土地が命。踏み固める地面の広さが実力の証そのもの、自分自身である。

この争いを命蓮尼はどのように眺めていたのだろうか。上流階級の彼女だが、当時どの程度の教養を身につけ、時勢変転目まぐるしい社会を一側面からでも判断できる知識をもっていたのだろうか。寛元元（一二四三）年十二月、幕府執権北条経時出しの、いわゆる「関東下知状」が命蓮尼を守った採決で、慶応大学の相良家文書内に納めてある。彼女の所有財産は元の通りに認められて養母の家に戻って愛甲家初代夫人としての生活を再開できた。しかしこの採決は幕府の土地取り上げ策も感じられる厳しいものであった。長頼が甥頼重の土地に対して、幕府の許可も受けずに勝手に代官を置いて横領しようとしたとの理由で、人吉庄の北半分を取り上げられてしまう。ただ多良木内の四ケ村が長頼領として認められたのは、多良木上相良にとっての一安心となったのだ。頼重所領も下地中分されて所有地が半減し、生活基盤減少と共に武士の体面や誇りをも傷つけられる結果となった。後醍醐天皇挙兵（建武の新政）時に相良家が鎌倉幕府を見限ったのは、この時の情け容赦ない下地中分一件も要因のひとつだと言われている。

五年後の宝治二（一二四八）年、先の幕府裁量に納得しない頼重の不満が再び田をめぐる争いに発展し、今回は命蓮尼側からの訴訟提出受理となった。七十歳を超えた父長頼の替わりに、多良木上相良を継いだ長頼息子の頼氏《よりうじ》が、妹命蓮尼の代理人として鎌倉評定所に立ち、頼重無謀を訴えて翌年勝訴。これで安心。

関東下知状には京都にある相良家所領についても裁量されている。この文書では相良頼景が京女房に与えた綾小路と京極の土地を彼女が質入れし、あわや流れそうな時に頼重の父宗頼が請け出したいわく付のもの。その文書を息子の頼重が譲渡所持していたけれども伯父長頼がだまし取ったとか。長頼の反論は「頼重の虚言なり。土地は自分が米三十石で買ったもの。まして頼重の兄頼元軽視はけしからん」。結果は長頼敗北。京都の相良屋敷は頼重のものとなり、伯父甥の土地争いが全国規模で発していることを後年の私たちに伝えている。

鎌倉時代女たちの財産所有権は結局、男たちの勢力拡大野望にも利用されたことを相良史が示している。命蓮尼の幸せな老後を祈ろう。

(2) 相良史開闢の女たち

遠江出身相良氏の人吉史話は相良頼景の多良木下向（一一九三年）に始まり、戦って奪って切り取っての領土拡張により築かれてきた。登場人物は殆ど男たちで、衣食住、そのどれもに関わっていた筈の女たちは記録されなかったことで姿が見えない。女たちの存在は空気的なもので陰にいることが自然の形であり、至極当然と捉えられていた事を知るのである。相良氏が人吉土着人としての歴史を歩き始めた頃の女たちが、時代の中で何を思っていたのか語るものはゼロ。だが存在感が「無」なんてあり得ない。彼女たちの生きた証、女道を求めてのロマン旅に出かけよう。

青蓮尼《しょうれんに》 ⑮

頼景は多良木荘に来て豪族須恵氏の娘「青蓮尼」を妻にする。大きな息子たちが何人もいる頼景だから勿論政略結婚だ。彼女は夫頼景没後に剃髪して青蓮尼を名乗り、亡くなった後に牌所として建てられたのが、多良木町黒肥地の青蓮寺（国指定文化財）である。忌日は仁治元（一二四〇）年九月二十六日だそうだが、青蓮寺に彼女の墓は見当たらない。どういうことか。曽孫頼宗が青蓮寺を建てた永仁六（一二九八）年は、尼没後既に五十年も経っており、この間いろんな事情があったと思われる。いずれにせよ、青蓮尼は多良木相良初代夫人としての貫禄をデンと据えたことになる。

『嗣誠獨集覧《しせいどくしゅうらん》』によれば、青蓮尼は地元須恵（あさぎり町）に浄蓮寺を建立するが、本尊の金

青蓮寺（国指定）を見下ろす多良木相良家墓地（県指定　黒肥地）

銅阿弥陀三尊が江戸時代の元禄頃、人吉の大信寺《だいしんじ》（南泉田町）へと流れ移るのである。仏様もお墓も「永久に同じ所におわします」とは限らないのだ。この寺名浄蓮《じょうれん》を法名に持つのは多良木相良二代の相良頼氏で、青蓮尼の義理孫にあたる。頼氏は余程青蓮尼を敬慕していたのだろう。その想いは時が過ぎて元禄十二（一六九九）年、産後亡くなった母への想い強い二十二代相良頼喬《よりたか》の、青蓮尼供養に重なるのである。青蓮尼の影仏が頼喬母周光院の菩提寺である大信寺に安置されたことで、青蓮尼の母性愛は更に強調され輝きを増す事になった。ところで、青蓮寺の開山和尚は亀田入道とか。現在住職の亀田氏は八百年以上も続く御家柄ということになる。

　相良家は頼景を初代とする多良木上相良と、長頼を初代とする人吉下相良の二統がある。一四四八年に上下相良が統一されて戦国大名への道を進む強大な勢力となるのだが、それまでの上相良は独自の文化圏を誇っており、今に残る史跡や神社仏閣、多くの史資料などは文化遺産の宝庫ともいえるもの。これらをもっと大事に後世に伝えるべく専門家委員会が調査研究中で、やがて大きな上相良遺産群の重要性が認識されることだろう。この中で青蓮尼についての新しい顔がどのようにクローズアップされるか楽しみに待つとしよう。

蓮珍《れんちん》 ⑯

記録もあり、お墓もあるのに、誰か特定できない不思議な女の物語。「蓮珍大姉」、鬼木町字杉薗に眠る人物である。突然の元寇という難局を乗り切った鎌倉幕府執権の北条時宗が、疲労困憊して浄土へ旅立った弘安七（一二八四）年、同じ年の三月二十四日に彼女も亡くなっているから、冥途の入り口で挨拶を交わしているかもしれない。諸歴史書には「（人吉相良三代相良頼俊）公夫人（御簾室）法名蓮珍」とあって、頼俊夫人と明記してある。しかし石塔に刻まれた文字から疑問を感じた田代政鬴などの後世歴史研究家もいて、蓮珍大姉は謎の女の一人であろう。

碑文には「右造立為悲母禅定比丘尼出離生死　藤原頼員敬白」とあるから、石塔を建てたのは夫頼俊ではなく義弟の頼員である。義姉の死を悼む心情は理解できるが、夫健在中の墓碑建立は考えにくいのではないか。だから蓮珍大姉は頼俊簾室・頼員夫人・頼員娘などと記した『求麻外史』ほかの歴史書が並ぶのである。歴史の真実は解きがたい。「貴女は一体誰ですか」

比丘尼上妙笠塔婆（市指定　城本町）

蓮珍大姉供養墓地（鬼木町）

実はこの石塔、相良家から分脈した佐牟（無）田家が守り続けてきたが、破損したので五百五十年後の天保六（一八三五）年に、佐牟田忠兵衛と良助が願成寺住職猷冏《ゆうけい》に頼んで建て替えたものである。蓮珍石塔の立つ付近は願成寺の北方に位置して昔から佐牟田と呼ばれており、彼頼俊（法名迎蓮）住居のあった所だといわれている。彼の埋葬された迎連寺《こうれんじ》もこの辺りにあった筈。戦国時代の武将深水宗芳《ふかみそうほう》の詠じた発句「音ニ聞ク相良ノ梅ノ花盛リ」が、佐牟田梅の名所「相良の園」を物語っている。江戸時代初期頃までは一年に二度咲く梅もあったとか。

蓮珍大姉石塔の地所はかなり狭い面積だが、所有者相良頼綱（三十七代）と書かれた資料がある。現在はどうなっているのだろう。

上妙《じょうみょう》 ⑰

「比丘尼上妙」がめでたく人吉市指定文化財に仲間入

りした。正応二（一二八九）年九月九日に八十八歳で亡くなっているので、建仁二（一二〇二）年生まれのようだ。何処の誰かもわからないのに、角柱笠塔婆のお墓が文化財指定を受けるなんて、凄い存在感を誇る、不思議この上もない女だと言えるだろう。

人吉駅北側の東西に走る道路は、鎌倉幕府による寛元元（一二四三）年の人吉庄を南北に二分する「下地中分」線にあたる古道とか。現在は住宅街に変貌している城本《しろもと》町の、個人住宅屋敷内にひっそりと建つ比丘尼上妙笠塔婆。昔はこの古道に沿う場所のどこかに建っていたと思われる。大村横穴古墳（国指定史跡）のある村山台地に接しているので、古代の早い時期から小文化圏を形成していた辺りなのだろう。その中で生きた上妙が結婚していたかどうかは不明だが、鎌倉時代を出家尼僧の目でじっと見つめ続けていたに違いない。地域の人々から貴人として敬われていたことは、墓の立派さや大きさ、刻字の確かさ、それに阿弥陀三尊の梵字などから感じられる。側面の胎蔵界大日如来梵字は生前の比丘尼上妙が、誰に対しても仏のように慈悲深く接していた事に対する証だと言えば褒めすぎだろうか。

上部の笠は無くなっているが、竿部が九十四㎝もあるこの大きな笠塔婆は間違いなく鎌倉時代のものなので、残っていること自体が珍しく奇跡的。当時の数少ない実力者系図から彼女が誰なのかを特定するのは難しいが、地域の中で重要な位置にある彼女の死後の弔いが盛大だった様子は偲ばれる。しかしこの立派なお墓に埋葬された仏様は、仲間から離れて一人ぽつんと苔むして数百年を見続ける間に、なぜか祟りを身に纏う伝承を背負ったのだった。比丘尼上妙の八十八年間はまさに、相良家骨肉の争い初期段階に相当し、女たちの土地所有権や母権は僅かながらにあったものの、女が一人の人間として生きることを次第に制約されていく頃である。もしかしたら仏門に学ぶ上妙は、煩悩を抱えながら末期を迎えたのかもしれない。私の語る昔人の足跡は後世に纏められた記録からしか探りえず、推定・推察・想像の言葉で綴る相良女の歴史だ。何とも歯がゆい。

第五章　江戸時代庶民の女たち

(1) 旅を楽しむ九日町の里壽《りじゅ》 ⑱

「外の世界を見てみたい」。昔も今も海外旅行は憧れの的。江戸時代の人吉城下、パスポートを持ち、心弾ませて草鞋履きの旅人となった女たちがいた。江戸時代には色々な規則があって身分制度に縛られ、領外の世界とは隔絶状態で不自由な人生を強要された時代のイメージが強いが、とんでもない。参勤交代制度のお陰で、一年おきに人吉と江戸を往復した侍たちは日本各地の情報を人吉にもたらしたし、全国ネットで諸国の商人相手に活動する人吉城下の町人たちも旅のベテランだった。パソコンも鉄道も飛行機もない時代だったが、人間は逞しい。九州の山ん中、時間はかかるけれどそれなりに活発に、遅れることなく躍動していたのだ。

貧富の差があって平均的な話ではないが、女たちの中には男たちに劣らず旅を楽しみ、見聞を広めた人たちがいた。若殿や相良家夫人たちの移動時にお供した武家女たちが、藩文書に名前を残している。城下町の商人妻たちの旅行願いも町奉行所記録にある。人吉領内を離れるには「往来」という身分証明のパスポートが必要だ。九日町商人の妻「里壽」の往来が二通残っている。

往来

相良越前守領求麻町
八百七里壽いそ宗旨禅宗
其紛無御座候為日向宇土山
参詣罷越候海陸往還無
異儀御通可被下候以上
安政五年午三月　横瀬与左衛門
徳澄祐左衛門
御改衆御中

安政五（一八五八）年に、求麻町の八百七・里壽・いその三人が日向宇土山（宮崎の鵜戸神宮）を参詣するので、海陸往還通行時には問題なく通してほしいと、各所の改番所宛に書かれた通行手形である。当時の藩主は就任四年目の三十五代相良頼基《よりもと》で、九日町の別当横瀬与左衛門と乙名徳澄祐左衛門の連署押印があるので三人は九日町の住民である。里壽は四年前の嘉永七（一八五四）年には、金助やきよと大社参詣にも出かけているので、信仰心篤い金持ちに違いない。旅の目的は寺社参詣だが途中の名所・名物・

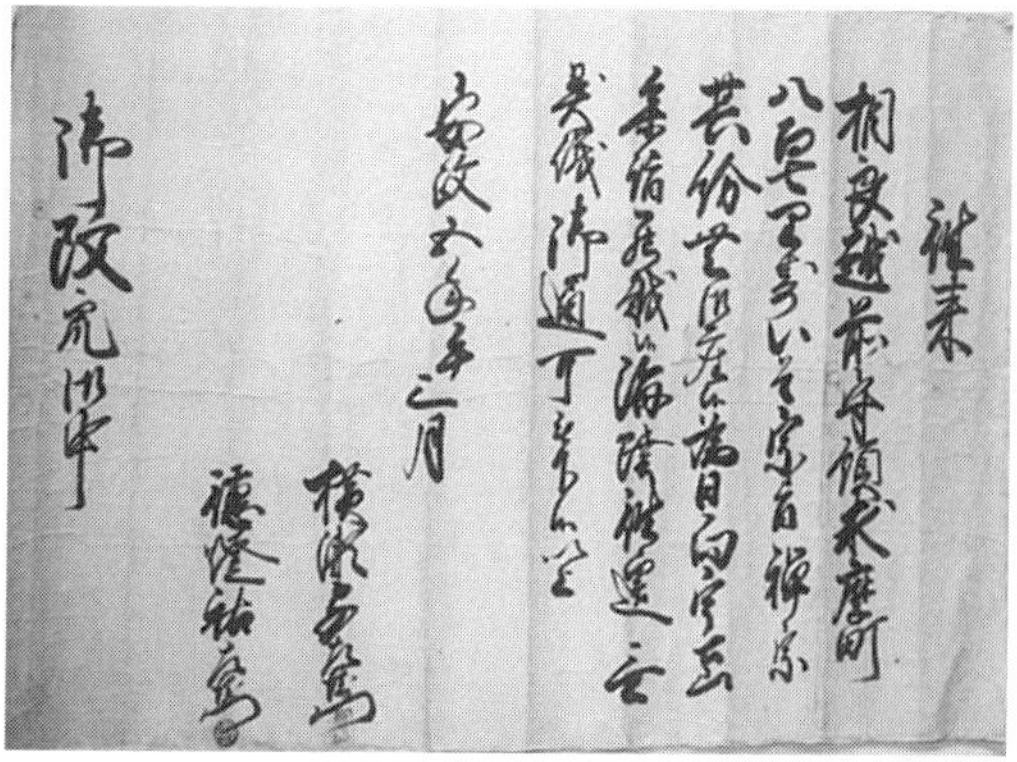
九日町里壽の往来手形（安政５）

美味しいものも楽しみで、温泉に浸かって旅の疲れを癒せば明日の活力が湧いてくる。

温泉と言えば江戸時代の人吉領内には湯山温泉（水上村）と林温泉の二ヶ所しか湯治場はなかったので、領外の肥後日奈久温泉や薩摩吉田温泉への越境入浴は、藩の許可さえ貰えば三十日間の期限つきながら、女たちも心安く出かけられたらしい。肥後の山鹿温泉は勿論のこと、何と遥々、城之崎温泉や摂州有馬温泉などまで遠出入浴しているので驚きだ。てくてく歩く旅には数か月必要である。療養湯治名目に出かけるためには、かかりつけ医師の診断書と温泉推薦書を添付して、物見遊山目的ではないことを強調せねばならない。お供を連れて五カ月間もの旅を楽しんだのは、七日町の馴松徳右衛門母や妻。医師の安藤松堅の「有馬温泉湯治推薦」に従って持病治しに出かけ、帰りは大坂で商売成就した徳右衛門と合流して、持病快癒の喜び溢れる賑やか御一行様となった。田町の庄蔵妻も病身理由に医師の蓑田元弥から有馬の湯を勧められている。相当の出費が必要だから遠出できたのは裕福層ばかりだった。

孝行息子が老母を背負って林温泉（人吉市温泉町）に通ったという地味な記録がある。天保年間のこと、九日町の篤兵衛は病弱の母親養生に温泉通いを続け、女房共々親孝行が認められて永代苗字「黒木」を褒美に頂戴した。温泉は親孝行のキーワード。馴松徳右衛門母の温泉旅行も同じと言えよう。ところで江戸時代の林温泉は身分によって上の湯と下の湯に分かれており、混浴だったらしい。明治になってから混浴禁止令が出された時、男女を上の湯と下の湯交替入浴の形で難問解決を図ったという、明治七（一八七四）年の役所記録がある。

江戸時代は全国の街道整備が進んで想像以上の安全旅行ができたのだろう。女の一人旅日記も他所には残っている。人吉には女たちの積極的な領外雄飛は今のところ、富裕町人家族の温泉旅行や物見遊山の類しか発見されておらず、残念である。外の世界を見て視野を広げ、自分の生きる道を考えるヒントにできた女たちがいたのではないか、とは私の希望である。

(2) 夫婦善哉

黒木篤兵衛女房 ⓳

江戸時代天保二（一八三一）年七月九日、九日町の篤兵衛は親孝行のご褒美に永代苗字「黒木」を頂戴する。町人には基本的に苗字のない時代だから何と晴れやかなことだろう。本人一代や二代だけの許可ではなく、永久末代までの苗字である。殿様の有難い御心に篤兵衛の感激は最高だったろう。夫だけでなく姑に良くした女房にも鳥目（銭）二貫文が下された。当時の既婚者は夫を主人と仰ぐ所に位置しており、残念ながら公文書に実名記載はなく、篤兵衛女房の名前は分からない。

この栄えある苗字のご子孫は現在東京住まいで、黒木苗字頂戴文書を大事に受け継いでおられる。篤兵衛は幼いころ父と離れ、母子貧窮の中に暮らす。母親が病に倒れた十二、三歳頃から朝夕賄いも作ることになり、魚や野菜など珍しいものを母親に食べさせようと努め、老母養生の温泉通いは人に見られないように背負って川縁を歩く。結婚してからも孝養を怠らず、小間物商売もかなりのものになっている。売買上での酒肴を使う時もまず母親に勧めるということなどを、旅人が他所で吹聴するほどの孝心だったので、町役人からの推薦により褒美が下されたという。

当時は親への孝行が最大の庶民教育だった。それがひいては藩主への忠節に繋がるもので、庶民が日々安心して暮らせるのは殿様の民に対する有難い御心遣いある愛のお陰だというのが、江戸時代だった。だから孝行者へのご褒美は結構出されている。米を貰う形が多い中、篤兵衛の黒木苗字永代使用はかなりのハイランク褒賞と言えよう。

『女大学』等の教訓書による女の道は、嫁姑確執を生む土壌に満たされているような気がする。夫と一緒に姑孝行をする篤兵衛女房のような女は昔も今も女の鑑、理想的だ。もしかしたら当時もかなり珍しい存在だったから、ご褒美の対象になったのかもしれない。お姑さんも昔は嫁いできたお嫁さん。結局同じ立場なのに、殊更人生年齢の違いと体験の差を強調する教育が、必要以上のプラスマイナス引力を作り出す要因のひとつに育ったとも考えられる。篤兵衛女房の姑孝行する優しさが持って生まれた質なのか、夫の影響なのか判らない。いずれにしても、九日町の町

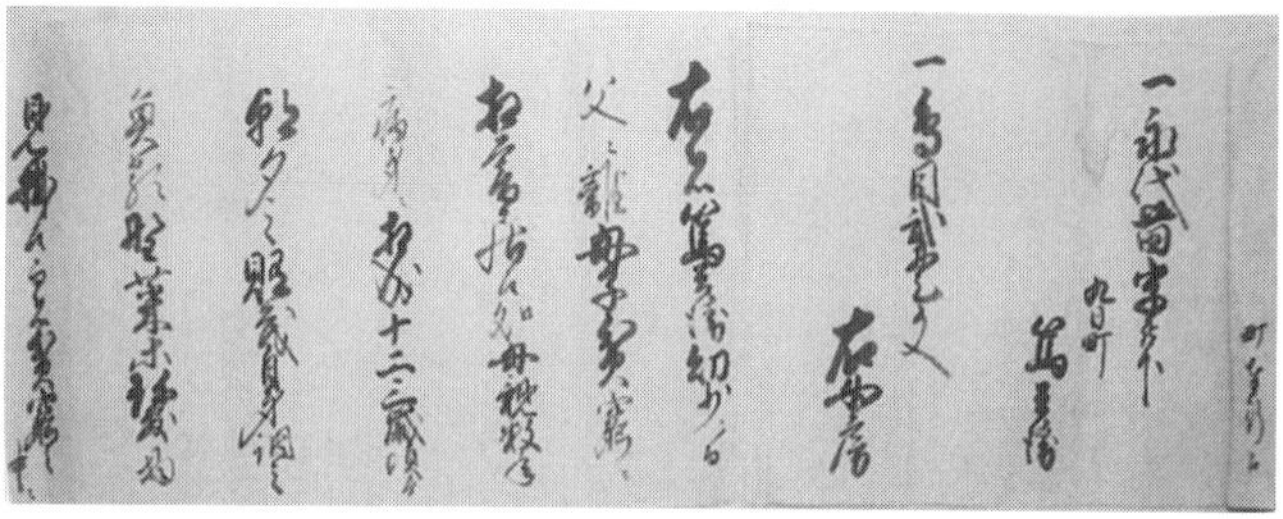

篤兵衛と女房に与えられた褒賞の黒木苗字と銭二貫文の文書（個人所有）

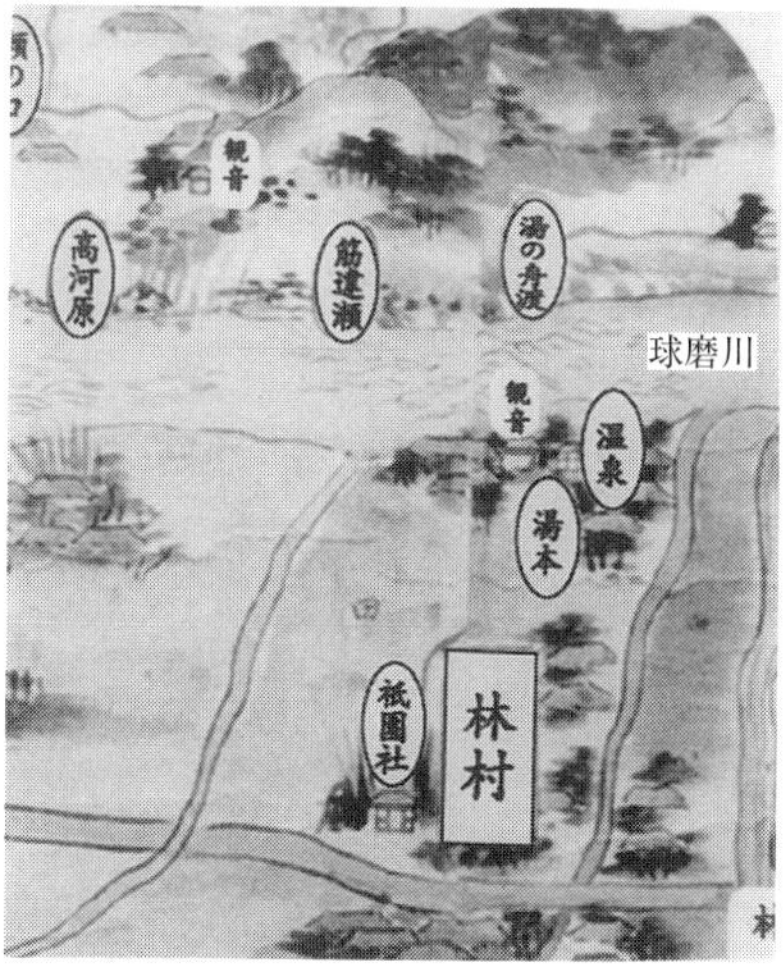

林温泉（球磨絵図）
近所には三十三観音の８番札所湯本観音がある

役たちが感心するほどの女房だったことは間違いないだろう。親孝行の篤兵衛だからこそこんなに良い女房とご縁があったのかも。夫妻のその後は詳らかではないが、商売繁盛して明治・大正・昭和を九日町に居住し、医院開業した子孫の苗字は当然黒木。江戸時代拝受の永代苗字は、親子のつながりを見直そうという現代だからこそ余計に、きらきら輝いて見えるのである。

十蔵屋《とくらや》女房 ⑳

大正年代、九日町「十蔵屋旅館」の四階楼上から撮影した写真絵葉書がある。電話番号一五四番、岩屋銅山（あさぎり町深田）定宿十蔵屋旅館の堂々とした店構え写真も含まれているから、宣伝を兼ねての絵葉書発行が流行っていたのだろう。舗装されていない町並みを着物姿の人々や荷馬車が通っている。球磨川に架かる橋は江戸時代と同じ大橋だけ。街中には焼酎屋の高い煙突が何本も聳えていて町の繁栄が感じられる。洋風の建物は役所だろうか。大正十三（一九二四）年創立の県立人吉中学校絵葉書には、初代校長の九ノ里氏や田中県知事、着物姿の授業風景まである。相良歴史解説まで掲載している十蔵屋主人ってどんな人だろう。

大正から昭和にかけての郷土雑誌『球磨』を発行して、相良七百年の歴史研究にのめり込むグループがあって、十蔵屋の淵田卯三郎禹山《うざん》もそのメンバーの一人だった。やるならトコトンの性格だから稼業は妻任せで、資料収集と写本に精を出す。御下の乱（一六四〇）で津軽流罪となっ

右）十蔵屋「岩屋銅山御定宿」看板
左）肥後人吉十蔵屋旅館東部分（大正年間）

た相良清兵衛の跡を辿る汽車ポッポの旅は、大正十五（一九二六）年のこと。清兵衛住居跡の弘前市相良町に立つ、着物姿の気取った卯三郎は満足顔だ。しかし留守中の旅館は女将の「そね」ひとりで大丈夫だろうか。卯三郎の人生をかけた郷土資料「淵田禹山文書」は、人吉城歴史館に預けられて役立っている。そうこうするうちに十蔵屋はなくなった。資料中の「伊勢屋常八萬日記」という小横帳から十蔵屋創立が見えてくる。

　昭和の卯三郎時代に消えてしまった十蔵屋は、江戸時代の誕生時にも産みの苦しみがあって、女の姿が見え感じられるのである。名前もわからず褒美をもらったわけでもない普通の町人女房の懸命に生きる姿は、私たち現代人にも重なるようである。時は寛政十二（一八〇〇）年二月二日、九日町の油商人伊勢屋の作右衛門死亡により、家屋敷や油株の財産相続者名は作右衛門

渕田焼酎屋の木製甕蓋（安政6）

息子の卯三郎。彼が常八だろう。常八は三年後の享和三（一八〇三）年三月三日、九日町の郡山治左衛門娘と結婚して婿養子となる。郡山家は乙名役を務め、酒造業などを大きく営むほどの実力者だった。家付き女房は気立てもよく夫常八を立てて幸せな時間を過ごしていたのだが、五年後の文化五（一八〇八）年二月四日、常八は突然家を出る。女房と義弟の鶴昭《つるあき》も一緒に出たものだから、養父の郡山治左衛門は慌てふためくのである。「娘は仕方ないとして跡継ぎの鶴昭まで連れて行くとはけしからん」。ここからがご近所の出番である。山下三郎右衛門・油屋忠助・黒木貞六夫婦等が次々に調停するのだがうまく運ばない。肝心の跡取り息子鶴昭が実家に帰りたくないというのだからどうしようもない。

鶴昭とは一体誰か。この人物は後年、天保十二（一八四一）年に九日町乙名役になったり、八《やつ》代《しろ》の殿様からお礼の紋服を頂戴したり、往来手形を発行できるほどの力量を認められた郡山治左衛門定榮らしい。彼の誕生は常八が婿養子入りした三年後のこと。五十歳の治左衛門近良に男子鶴昭ができて惣領として育て始め、姉に当たる常八女房がかわいがって面倒を見たのである。常八の人生設計が変わりそう。弟成長後はどうなる。将来を考えて常八の決心は家を出る事だった。

夫について行く潔い決心の女房を、幼い弟が慕っており一緒についてきた次第だった。

町役の調停決着は文化五（一八〇八）年歳末で、別株を立てての常八独立宣言だ。「蔵持ちになる」夢の実現に向かって、女房が支える屋号は十倉屋（後年蔵に改称）。伊勢屋常八は十倉屋常八になり、郡山治左衛門娘は十倉屋初代女房になった。文化七年三月には、靏昭を含めた常八・女房の三人が新戸籍の宗門改めを受けたとか。本業の焼酎醸造株の他に下茶支配株も取得しているので、十倉屋は多角経営を目指す。他国の大手企業進出に生き残りをかけた経営手腕が問われる時期に、自分の存在感発揮は今だと、女房は家業の雑事一切を担う。やがて実家に戻った靏昭が幕末郡山家を盛り立てたのは先述の通りである。

渕田姓を名乗る十蔵屋は、明治九（一八七六）年の「人吉支庁清酒焼酎税収入簿」によれば、焼酎十八石、生酒五石六斗、税金十九円五十銭の小規模醸造所。その後、旅館業に転身した十蔵屋は銅山宿や軍人宿などの看板を掲げて明治大正を歩いたのだった。初代常八女房と最後の卯三郎の妻そね、彼女たちのサポートがなければ、夫のロマン街道人生の旅は実現しなかったろう。

(3) 八代御仮屋《おかりや》水主《かこ》妻　徳澄《とくずみ》ナミ ㉑

八代御仮屋の歴史は江戸時代初期寛永年間に、薩摩の出水米ノ津にあった球磨屋敷から移住させられた人々が、人吉藩の専門水主となったことに始まり、その血脈を明治維新まで持続させたのである。住民百二十一軒は全て船関係仕事に従事し、十五歳以上男たちの奉公が義務付けられていた。御仮屋出身、七地（人吉市）の長船米吉が書き記した明治三（一八七〇）年の記録によれば、「家数百二十一、御蔵屋敷、土蔵三、斗屋、神社、地蔵、菅原天神社、番所五、舟入錨小屋二、材木蔵二、泊小屋二、御召泊小屋一」などがひしめいていて、長屋住まい女たちの明るい笑い声が響いていたことだろう。現在も当時の屋敷割の

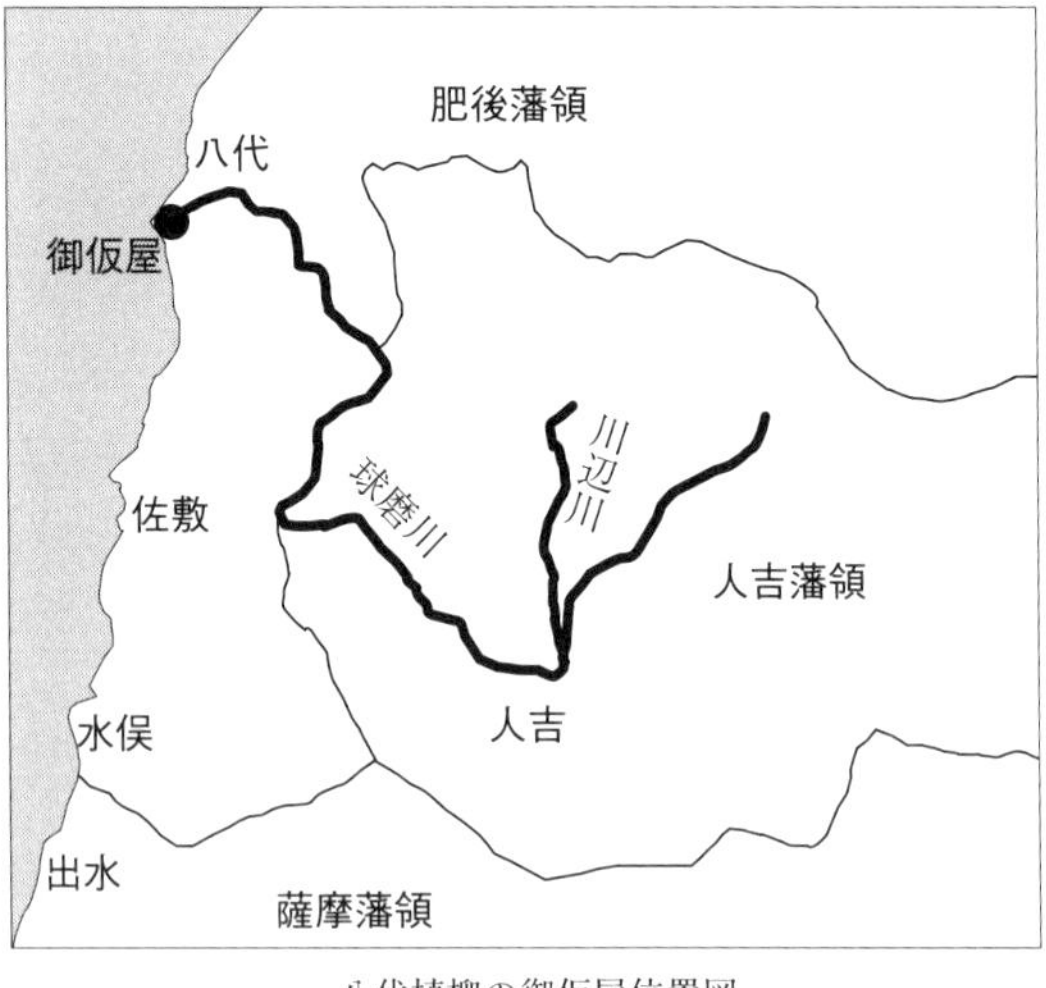

八代植柳の御仮屋位置図

面影が残っているし、神社の緒方蘭軒筆の石造鳥居残骸が横たわっている。

主人公徳澄ナミについては、まず「先祖を探したい」と平成十四（二〇〇二）年、神戸から訪ねてきたご夫婦との出会いから話さねばならない。「曾祖父徳澄猪熊《いぐま》は人吉出身で、父親が卯兵衛迄しか判っていません。昔のお墓は八代円通寺にあります」。江戸時代人吉藩が八代植柳《うやなぎ》に常置していた船仮屋の水主で、明治時代の荒波にもまれ苦労した人物として、私が長年追いかけていた徳澄猪熊、その人だった。私の知っていることを全てお伝えし、卯兵衛以前四代遡っての供養ができた徳澄さんの晴れ晴れとした表情が印象に残っている。徳澄家ファイルをあらためて眺めれば、歴史に翻弄される水主妻のオーラに胸が締め付けられる。猪熊の母、徳澄卯兵衛の妻ナミの人生を辿ってみよう。

徳澄ナミ関係図㉑

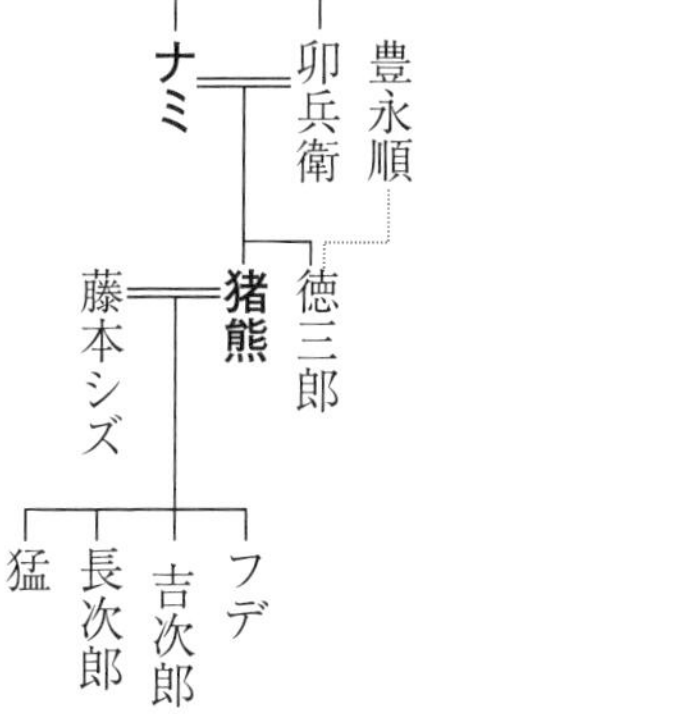

ナミは文政四（一八二一）年、八代御仮屋の山口与三右衛門二女に生まれ、同じ御仮屋に住む徳澄卯兵衛と結婚して長男徳三郎、次男猪熊を出産する。慶応

元（一八六五）年に夫卯兵衛が亡くなってから徳澄家は苦難の道のりを歩くことになる。一家の大黒柱を失ったナミ四十五歳は、明治維新に向かう激動の時代をどう生き延びるかに悩むのである。長男はまだ十八歳だから水主見習いで、九歳の猪熊は畑の手伝いもままならない。肥後藩の「天保十一（一八四〇）年球磨川河口図」には垣根に囲まれた二町五反の球磨仮屋が描かれており、この中で働き手のないナミ一家に、従来の二人扶持が支給され続けたかどうか。

ナミが二人の息子と共に激動の幕末を何とか生き残れたのは御仮屋独自の連帯感。瀬戸・多田・池井・鳥飼・福田・山口・長船さん等が近所だったし、一類徳澄家も数軒あった。しかし明治二（一八六九）年、改革によって御仮屋は解体し、翌年には九十軒が球磨に移住。ナミ一家も林村（人吉市）に落ち着いたが食べる手段がない。二年後、二十五歳の長男徳三郎は林村の豊永順の養子になり、地元戸長を務めるなどの安定した人生を送るので母親ナミは安心したことだろう。この年九月には平民登録された御仮屋水主への給禄が廃止され、それを不服とする水主たちの復族復禄嘆願の長い戦いが始まった。家代表の二男猪熊十六歳は、厳しい人生が待っているなんて思いもしない若者だった。

徳澄猪熊と藤本シズ夫婦に子どもが誕生して心和むひとときもあったが、しかし、林村から紺屋町、さらに湯前へと転居を続ける一家の足跡からは、流れゆく気配が感じられて重い。明治二十八（一八九五）年にも、御仮屋仲間と一緒に復禄願い提出、却下、再提出、再却下を毎年繰り

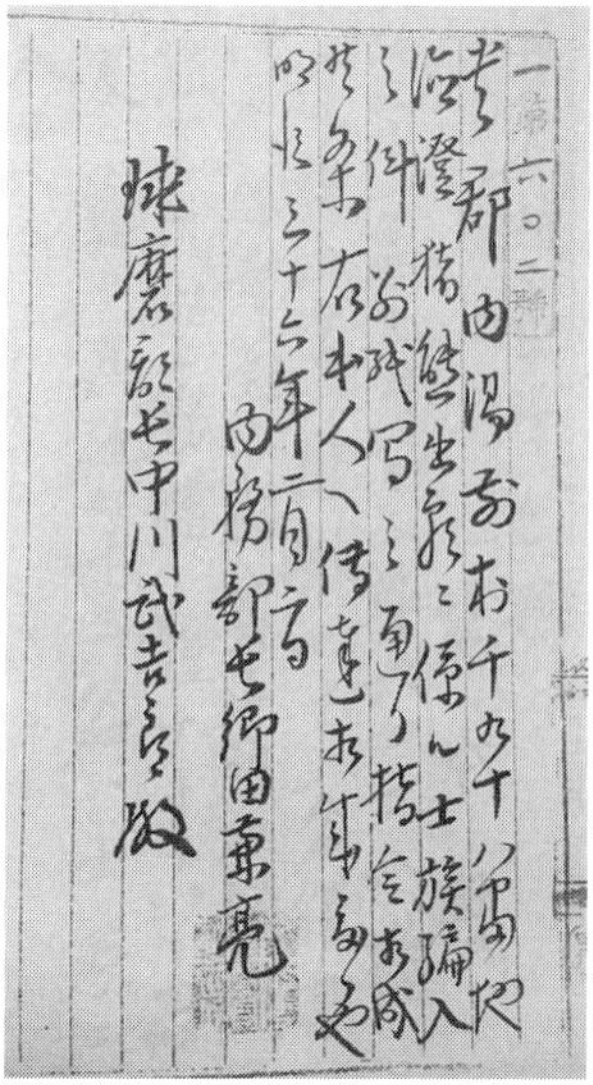

徳澄猪熊宛の士族編入不許書類
（明治 36）

返しながら国家との闘争が続くのである。明治三十三（一九〇〇）年には、二代以上連続勤務を証明して認められた殆どの水主たちは士族復帰を果たしたが、徳澄卯兵衛代理猪熊の願いは届かなかった。即、再度の挑戦を試みたが「詮議及ヒ難シ」と最後通牒を突き付けられたのが明治三十六（一九〇三）年一月二十三日。卯左衛門、宇左衛門、常次郎、卯兵、卯兵衛と続く先祖書きを添付したものの、父死亡時の息子相続がはっきりせず、御仮屋解体時に猪熊が就業していなかったことや、八代から人吉移住時のどさくさで、我が家系譜を証明する書類を紛失していたことなどが猪熊の不運だった。国家を納得させるには何十年前のことであろうと国民側の事実証明書がものをいうことも多いのだ。

士族の権利を獲得するための運動は御仮屋水主だけでなく、蓑田《みのた》才蔵始め足軽三百八名も前後二十四年間、二十回の請願を繰り返して成功している。人吉藩で侍仕事をしていた誇りが、「家」重視の明治時代を生きる心の支えだったのだろう。戸越《とごえ》（人吉市）に移住していた伊津野嘉十は士族復帰を果たした直後、畳替えをして、翌年正月十三日には十六人を招いて祝宴を開いている。

豊永家養子となり地域の知名士として活躍していた徳三郎を二十八年に失ってから、夫卯兵衛の士族復帰だけを人生最後の楽しみにしていたナミが、徳澄家最悪の事態に逢わなかったのは幸いだった。前年の明治三十五（一九〇二）年六月三十日、ナミは三途の川を渡り切っていたのだ。彼女の死亡地は五木銅山最盛期の五木村丙。ナミたちは人吉盆地の奥まで移転していたのだった。彼女の人生は私たちに歴史の何を残し訴えてくれるだろうか。今はゆっくり休んでいてほしい。

その後関西方面に移住した猪熊は鉱山技師として働いたと聞く。彼は名誉回復に費やした人生の多くを語らず、大正七（一九一八）年に六十三歳で亡くなったそうである。大きく広がったナミの血脈は現代徳澄家人々に、御仮屋時代の先祖供養を求めるほど、敬虔な篤い想いを継承している。

（4）天草人と結婚した七日町のきん ㉒

相良七百年の町人町の歴史はずっと昔、青井神社の蓮池南に立てられた二日町・七日町・川原町から始まっている。そして天下統一後の豊臣秀吉が朝鮮や中国を目指して出兵した文禄三（一五九四）年頃から、今に繋がる新しい人吉町が造られ始めるのである。九日町・五日町・二日町・

七日町の商人町、大工町・鍛冶屋町・紺屋町の職人町、総七町がルーツのようだ。士農工商身分制度の最下層に位置付けられた町人たちだったが、戦い済んで平和な江戸時代が流れる中で次第に実力をつけて行く。実力は金力だ。当時はお城勤めの武士たちが政治経済の管理をしていて、お殿様の命令で世の中が動く形だったが、その原動力は刀ではなくお金だった。「生産もせず汗もかかずに金を稼ぐ」と商人を蔑視する武士たちは、いつの間にか、その商人たちに頭を下げて借金しながら時代を歩くことになってしまったのだった。

人吉藩は借金と返済、そして赤字累積の繰り返しによって領内政治が動いていたのかもしれない。どこか、今も昔も変わらない光景のようだ。どうすればこの悪循環を断ち切れるのか、殿様付きブレーンたちの苦労は並大抵ではなく、宝暦の御手判《おてばん》事件や天保の茸山《なばやま》騒動他幾つかの事件は、お金にまつわる人間関係に原因が求められる。人吉領内の産物を売って収入を増やすには大手企業大商人の力が必要だ。藩の取引業者は決まってはいたが、新規参入商人が我が領内の利益に目をつける。江戸時代も後期になると九州規模あるいは全国規模チェーンを誇る大商人が現れて、支店長を各大名城下町に派遣していたようである。

人吉に乗り込んできたのは九州有数の豪商石本勝之丞の手代「道田七助（介）」。天領天草富岡町で銀主を務める萬屋道田家の一類である。この支店長のお世話係に選ばれたのが七日町藤右衛門の妹「きん」だった。娘「まさけさ」もいるので、夫が亡くなって実家に戻っていたのだろう。

人吉藩との大きな取引をする石本家からの派遣員だから誰でも良い訳にはいかない。お世話上手で人吉美人のきんを気に入った七助は、九日町に住んでいる。商いも好調で、二人の間には男子も誕生したようだ。ところが、石本家と家老田代政典の経済政策のずれが生じ始めた天保年間になると、大坂商人の勢力が増して、七助は窮地に立たされる。遂に主家からの支店長交替命令が出て、天草屋敷への帰国が決定する。七助は悩むのだ。「別れたくない」と、きん親子を天草に連れて帰る決心をするのだが、そのためには町奉行所宛に特別の移住願い書を出して許可を貰わねばならず、天保十（一八三九）年六月、七助は訴える。

「私道田七助は天草帰国に際し幼い息子を母子別れにするには忍びないので、女房とその連子まさけさを一緒に連れて行きたいと思います。よろしくお願い致します」。当時子どもの親権は父親にあったので七助実子の息子は特別願書不要だったのだろう。きん母娘の天草移住はめでたく決定し、鳥飼治兵衛ら七日町年寄発行の住民票移動手形が出されたものの、幕末の歴史は目まぐるしい。きんの人生には急展開が待っていた。

天保十三（一八四二）年、西洋流砲術指導者で兵制改革を説く長崎の高嶋秋帆《たかしましゅうはん》が、謀反と密貿易の疑いをかけられて投獄される事件が勃発する。事件詮議中に長崎代官所の納戸金紛失が発覚して、長崎代官高木作右衛門と密着していた出入りの石本勝之丞にも嫌疑が及ぶのである。翌年石本親子は唐丸駕籠で罪人として江戸に送られて獄中死。思いがけない石本家当主の死はその下

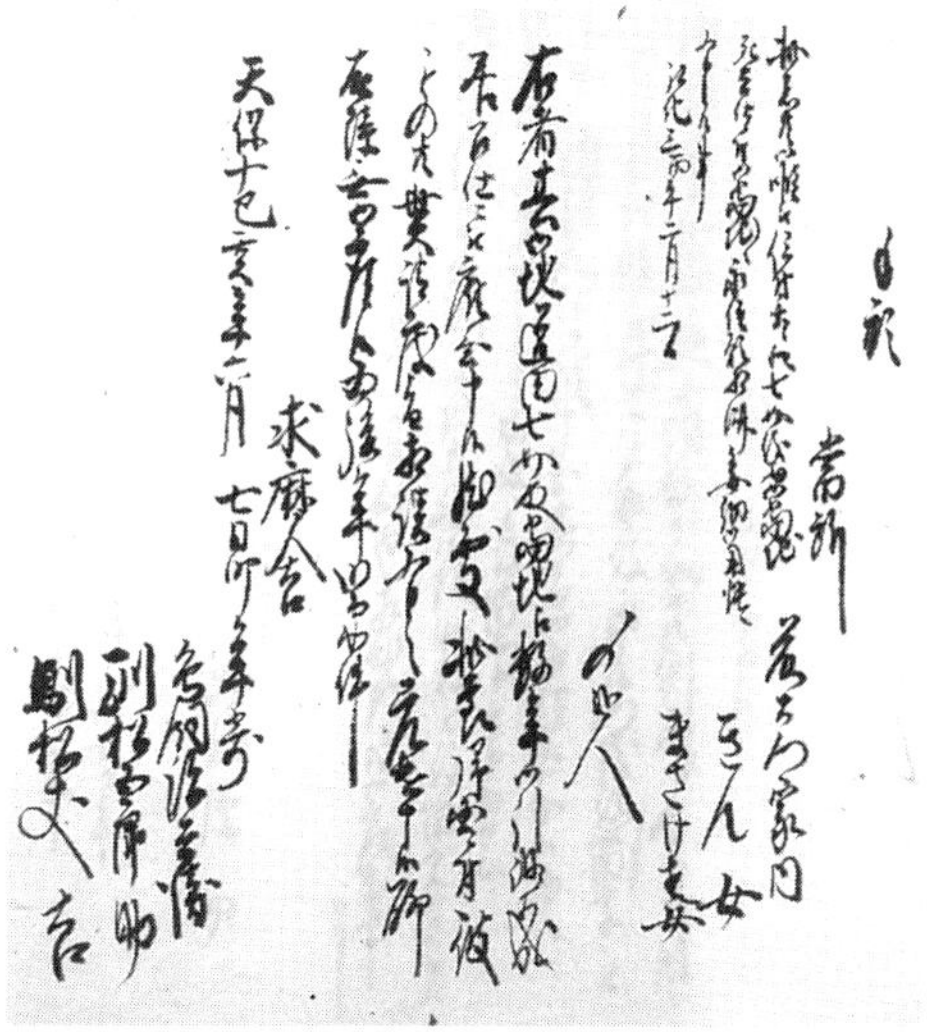

夫道田七介死去の為人吉永住再願いのきん
（天保 10 文書に弘化 3 書き込み）

で働く道田家の危機となる。七助ときんはどうなるのだろう。人吉町奉行所記録の移住願い文書に後年の書き込みがあって、一家のその後が垣間見えた。

　書き込みの「此者共御暇被仰付置候処　七介儀於御當地死去仕候付　御當地永住願相済　委細御用帳ニ有之候事　弘化三丙午二月十二日」によれば、きんの天草移住願は御暇の形だったが、弘化三（一八四六）年にはきん母子の人吉永住願いが受理されており、天草移住は実現していないのだ。この時夫道田七助は亡くなっており、人吉の土になっていた。思いがけない展開だ。

　実は移住願が許された一年半後の天保十二（一八四一）年には、農民一揆「茸山《なばやま》騒動」が起こって、家老田代政典自決による一揆解散という不思議な事件だった。記録はないが、七助が人吉で亡くなったという書き込みから忖度すれば、彼も無関係とは思えず、巻き込まれて無事では済まない事件だったのかもしれない。七助は故郷天草に家族と一緒に帰国することはできなかった。女房きんのその後は不明だが、夫七助の菩提弔いを続けながら静かに一生を終えたものと思いたい。天草の郷土史研究家の故鶴田文史氏によれば、天草に七助の墓は見当たらないとのこと。彼は人吉の何処かに眠っている。

附けたりだが、七助は天保五（一八三四）年に青井社の稲荷大明神へ、石の神祠と鳥居玉垣を奉納しており、「建立願主天草住石本勝之丞手先道田七介幹親敬白」の稲荷社祝詞が残っている。人吉藩内での事業展開に全力を傾けていた姿が見えるようだ。

第六章　神仏に祀られた女たち

(1) あさぎり町上の姫宮大明神 ㉓

奥に生きた女たちは歴史の表舞台に姿を現すことが殆ど無いので、結局名前を残すことができなかった。お墓に彫られた法名・戒名を見てもそれが誰か分からない。江戸時代にはお寺を旦那寺にして、春秋の定期的な宗門改めによる戸籍台帳が作られたが、そこにも結婚した女たちは妻や女房としか記されていない。ここ人吉盆地で女たちの書き記したものは未発見。彼女たちの人生や考えを知るには、相良七百年の歴史を歩く男社会の活動をまず探さなければならないので、随分時間のかかる作業ということになる。一枚の紙切れから思いがけない女の姿が飛び出して、それが歴史に脈々とした流れを作り出すきっかけともなる事がある。

相良三十三観音三十番札所の秋時《あきとき》観音に隣接する諏訪社（あさぎり町上）は、江戸時代名残の石段が苔むし壊れながらもそのまま残っていて、一段毎に過去へのタイムスリップを感じさせる雰囲気に包まれた神社である。草創年は不詳だがご神体は信州諏訪神社と同じだそうだ。『麻郡神社私考（一六九九）』によれば、慶長三（一五九八）年、豊臣秀吉の朝鮮出兵に従軍した二十代相良長毎《ながつね》の無事帰国お礼として、相良清兵衛が神社を改造している。宮司は緒方氏で初代は緒方監物。青井大宮司を神社ネットワークトップに仰ぎ、血脈を繋いで歴史を綴る。

緒方監物には二人の娘が誕生し、息子がいないので長女が養子を迎えて諏訪社を継ぐべきところ、家譜には二女（梅室妙金）の名前が記されており、長女の哀しい運命も書き綴られている。長女は人吉城下武家屋敷の大嶋家に「遣置」かれ、どうも嫁いだのではなさそうなので、女の嗜み修行として結婚前の行儀見習いなのか、或いは奉公なのかは分からない。大嶋家は天草出身で、戦国時代に水俣城代を務めていた犬童休矣《きゅうい》（相良清兵衛父）との出会いから球磨に移住して、二百石用人や物頭などの藩重役を担う名門の御家柄である。

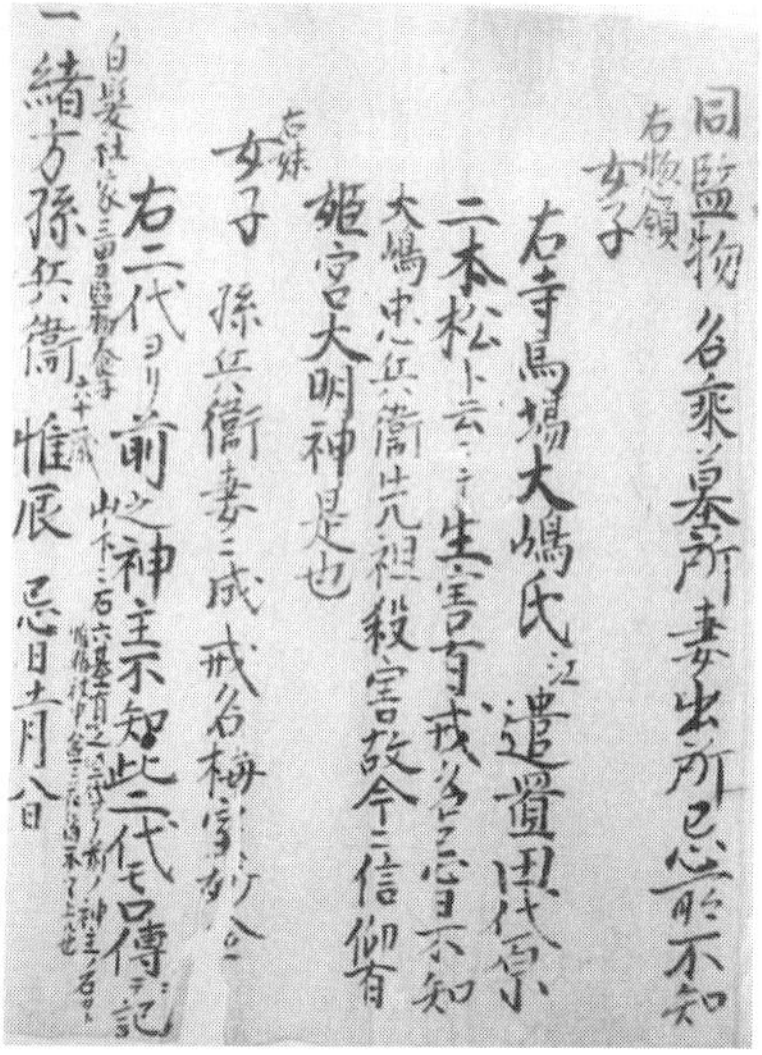

姫宮大明神由来（緒方家系図）

ある日事件が起こる。「田代原二本松ト云ニテ生害有　戒名忌日不知」。はっきりした年月日は分からないが緒方監物娘が殺されたというのだ。場所は田代原二本松。「大嶋忠兵衛先祖殺害」とある。大嶋家の人物が殺したことは明白だが、二本松はどこなのか。「町村字名」には上村・大村・柳瀬・山田の四か所に二本松字名が見える。四百年前の小さな大事件だ。日々「女の道」を学んでいた長女は、身の危険を感じて寺馬場《てらばば》大嶋家から逃げ出した。両親の住む上村を目指したのだろう。

姫宮大明神に捧げる御幣（諏訪神社）

追いかけられて二本松に来たところで遂に捕まって斬り殺されてしまうのだ。彼女の遺骸は実家緒方家に運ばれるが、事件による死亡だから葬儀は密やかに行われ、戒名や忌日を刻した墓石の建立場所も秘められた。

謎の一件ながら「今ニ信仰有　姫宮大明神是也」と、大嶋家が長女の死を悼んで姫宮大明神を祀ったとあるから、悔いは大嶋家側にあったのだろう。その後諏訪社と境内地に建つ姫宮社への神事奉納が、大嶋家代々当主の年中行事になった。緒方監物長女の哀しくも儚い人生は逆に、その強烈な存在アピールによって、相良史の中で輝いて見えるから不思議だ。緒方家には「美人に生まれたら悲劇が起こる」という言い伝えがあるそうだ。長女は相当の美女だったに違いない。

大嶋家の姫宮社奉納については後日談がつく。明治九（一八七六）年、大嶋家当主の湊《みなと》は肥後求麻郡上村字宮川にある「上田二畝三歩」を、諏訪社旧社家の緒方喜三駄《きさだ》に永代譲渡することを決める。「これまで長年続けてきた諏訪神社と姫宮神社への御神楽米奉納は、緒方家が社家免職となったので、今までの様な奉納ができなくなった。田圃を緒方喜三駄に譲るので税金、公役その他に懸かった費用を差し引いた残りを、大嶋家からの奉納米として両神社へ上げてほしい」というのである。大嶋家の姫宮社奉納は過去の長女殺害縁を背負って、緒方社家そのものへのお詫び挨拶を含んでいたのだが、明治維新後に社家を辞めた緒方家の立場を思って、奉納米神田自体を緒方家に譲渡することにしたのだろう。「然る上は年々耕作仕候て　貢租納方諸役共私方より相勤メ」と緒方家が了承している。大嶋湊《おおしまみなと》譲状《ゆずりじょう》と緒方喜三駄《おがたきさだ》請状《うけじょう》の二通が残る貴重な資料となった。

土地所有権は移ったが、大嶋家の諏訪神社参詣は昭和まで続いている。しかしその由縁を知る人はなく、諏訪神社石段途中にささやかに祀られている小さな奉納御幣は、長女の死と同じように、静かにひっそりと歴史の流れを見つめているのかもしれない。

(2)　隣国で神になった女 ㉔

鹿児島県加治木市木田の「隈姫《くまひめ》神社」は宝現《ほうげん》大明神と呼ばれ、人吉出身の女性が祭神で哀しい

隈媛神社（加治木市）

物語から始まっている。「球磨御前」とも呼称される隈姫は相良家の姫で、飯野城に居た島津義弘に政略結婚で嫁いだのだが、相良氏が菱刈氏と手を結んだために両家不仲となって永禄十一（一五六八）年に離縁され、現在の加治木市辺川に移住。悲しみと憤りの中で観音淵に入水して亡くなるのである。お付の侍女たちも滝の上から投身して殉死の道を選び、彼女たちの髪の毛や櫛などが流れ着いたという伝説から、現地には「櫛流れ」や「髪滝《かもじ》」の地名が残っているそうだ。

女の恨みは怖い。隈姫死後の島津家には不吉な出来事が続き、姫の祟りと考えた島津義弘は、天正十七（一五八九）年に京都から宝現大明神を勧請し、その後、宝現寺（真言宗）を建立して隈姫の供養を続けたのである。初代住職の光規坊は隈姫のお供で来ていた松葉杢左衛門の息子だそうで、門前に住む松葉氏・青山氏・大迫氏等は球磨からお供の子孫なのだとか。現在もお住まいだろうか。

これが加治木隈姫神社の由来として、江戸時代古文書に残る薩摩の話である。だが、人吉歴史書に書かれた隈姫様は島津義弘夫人ではないようだ。その謎を探ってみよう。『南藤蔓綿録《なんとうまんめんろく》』や

『嗣誠獨集覧《しせいどくしゅうらん》』によれば、十七代相良晴廣の娘「亀徳女《かめとくじょ》」は薩摩の島津義弘に嫁ぐのだが、離縁して球磨に戻り、多良木奥野の上村新左衛門と再婚する。だから、鹿児島で言い伝えられている離婚後に失意の中で死去した宝現大明神の隈姫は、島津義弘夫人亀徳女ではないという事になる。外に島津義弘に嫁いだ姫は見当たらない。この亀徳女は七地に住む「お東様」と呼ばれた側室の娘である。実兄の相良頼貞は同年月日生まれの十八代相良義陽に仕えていたが、殿様になりたい願望強くて我慢できず、薩摩の栗野に移り住んだ。

一五八一年、相良義陽が「響野原《ひびきのはら》合戦（豊野）」で討ち死にした混乱に乗じて、頼貞は人吉に攻め入り政権奪取を図るのである。その際に亀徳女と再婚した上村新左衛門もその企てに加担して、結局失敗。球磨から追われた新左衛門は後年人吉原城で殺され、亀徳女もその頃藩主をしのぐ勢力を誇っていた相良清兵衛から、「私ニ深ク奉妬」って餓死する、という悲劇の幕切れとなった。元和三（一六一七）年、平和な江戸時代に移ってのことである。

このお話には続きがある。亀徳女の息子は市房社参詣時に頓死し、娘も国法に反した夫と共に一族自決の道を辿って相良歴史から葬り去られてしまった。法名「西津良意」の亀徳女墓所（永国寺南陽軒）は荒れ放題のままだったが、相良家に良くないことが続いたので願成寺や永国寺住職からのアドバイスを受けて、相良清兵衛孫の喜平次が石塔を建立して供養したのだそうだ。亀徳女が崇った話は隈姫と似ているようだが、亀徳女が隈姫ではないならば、神に祀られた相良女性は一体誰だろう。

天文六（一五三七）年に十八歳で亡くなった相良長種の娘「榮徳正秀《ようとくせいしゅう》」が、隅州《ぐうしゅう》始良郡加治木田村宝現大明神だと明記した人吉史料があった。彼女は相良氏が戦国大名として八代や葦北に大きな勢力を持っていた頃、大隅の有川氏に嫁ぐ。八代城を守っていた父親の相良長種（元は上村姓だが相良苗字を頂戴している）は上村出身の、才能豊かで人格も優れており誰からも尊敬される人物だった。息子の上村晴廣を相良家当主にしたいと望む上村頼興《よりおき》は、人望ある実弟長種を謀反の疑いで殺害する。この事件の二年後、鹿児島に嫁いでいた娘の榮徳正秀は有川家から離縁されて、泣く泣く人吉に帰る途中の加治木で亡くなってしまう。三月七日、餓死説も囁かれたという。鬱憤煩って死ぬほどだから怨念の深さは計り知れない。当然追い出された有川家に祟ったので、一社を建て宝現大明神と号したというのが人吉説である。母親は菱刈から嫁いできた人だったが、夫長種の理不尽な死に続く娘の死を悲しんでこれまたショック死。相良家は祟りを鎮めるために、長種を祀る慰霊社の八代宮地天満宮・上村麓天神口の古岑軒・同白髪社東脇若宮などを建てたのである。

加治木の隈姫神社伝説は島津義弘が加治木に隠居したことも関係し、鹿児島に嫁いだ二人の相良女人の人生がミックス伝承しているようだ。『嗣誠獨集覧』にこの大明神は、「乳不足ノ者或ハ乳頭ノ腫、其外スベテ女人ノ病アル者此社ニ祈ハ、忽チ其験シ有ラザルナシ」とあるから、彼女たちの涙の人生は確かな存在感を私たちに残したと言えるだろう。

(3) 猫寺騒動　玖月善女《くげつぜんにょ》 ㉕

球磨郡水上村岩野にある生善院《しょうぜんいん》をご存じだろうか。国指定重要文化財の観音堂は、江戸時代の寛永二（一六二五）年建立で、平成年間に解体復元された立派な建物である。堂内に一歩踏み入ればそこはまさに霊廟。格天井と壁の彫刻、それに極彩色の厨子がひんやりした江戸時代の空気を私たちに吹きかける。見回しながら、体は自然と座布団に正座して厨子内の千手観音様を拝み始めるから不思議。この観音様は「相良三十三観音」の二十四番札所にあたっているので、春秋彼岸には多くの参拝者で賑わっている。あの世に向かって私たちは人生の旅を続けている。途半ば一瞬の参拝ならばこそ、戦国時代末期の相良史に生きた人々の声を聞いて、観音様の由来を知り、ご利益を頂きたいと思う。

球磨川河口の八代を本城とするまでの戦国大名に大きくなった相良氏だったが、十八代相良義陽の頃は北上する島津氏の勢いに押され気味で、とうとう、天正九（一五八一）年には島津氏に屈し、その先鋒として戦った豊野の「響野原合戦」で義陽は討死する。三十六歳だった。跡継ぎ

生善院観音堂（国指定）

は若すぎてブレーンたちの智恵だけが頼りの心細い状態である。この隙を狙って立ち上がったのが義陽の異母兄弟、相良大膳介頼貞である。彼の誕生は義陽と年月日同じで、父は十七代晴廣、母恒松氏は側室である。嫡子になりそこなった頼貞は憤懣やり方なく、地元を離れて薩摩の栗野に住んでいたが、義陽の死の報を聞いて急ぎ兵を率いて球磨に来る。執権の深水宗芳と犬童休矣は策略を巡らして、「私たち人吉勢は頼貞様に従いますが、多良木など中球磨の方には直接行って従うように説得してください」と言い、頼貞が人吉を離れた途端、今は主となった島津家に連絡して頼貞の引き揚げを頼む。島津氏の圧力によって、頼貞は泣く泣く球磨を去り日向伊東氏を頼るのだ。これで一件落着。だが、まだ続きがある。

翌年になって噂が流れる。「湯山地頭の湯山佐渡守宗昌と弟の普門寺住職盛誉《せいよ》が、頼貞に加担していたらしい」。領内に反逆者が生き残っていては一大事と討伐命令がでたが、直後に噂が偽りだったと分かって、慌てて中止の使者を送る執権たち。「間に合えば良いが」。だが、ここでも歴史が悪戯心を起こしたのだろうか、使者の犬童九介《いんどうきゅうすけ》は大事なお役目なのに途中深酒して多良

玖月善女供養墓（生善院）

木に眠ってしまい、湯前の普門寺到着が遅れてしまったのだ。謹慎していた湯山宗昌妻子主従は何とか逃れ出て米良越えで日向に行ったが、持仏堂に籠ってお経を唱えていた盛誉は惨殺され、普門寺は焼失した。天正十（一五八二）年三月十六日のことである。

相良七百年は斬ったり斬られたりの事件が並ぶが、無実の罪で殺されるのは理不尽だ。息子を勝手に殺された母は泣き寝入りしかないのだろうか。ここからが母の愛の強さである。盛誉の母玖月善女《くげつぜんにょ》は姪の鶴菊女《つるきくじょ》と愛猫玉垂も一緒に市房社に籠って断食二十一日行を敢行する。彼女のレジスタンスにはさらに伝説めいた行動がくっつくのだ。満願成就を祈る善女は自分の血を猫に吸わせて、相良家への祟りを呪詛して四月二十八日、湯山の茂間《もま》が淵に入水し果てたのだった。後味悪い一件だったが、時代は忙しい。豊臣秀吉、徳川家康へと流れ行く歴史上、生き残りをかけた相良家はひたすら走り続けるのである。

その後、使者の役目を果たせなかった犬童九介や、盛誉を殺害した黒木仙右衛門が発狂死亡したことで、玖月善女の祟りだと密かに囁き合ったという。相良家にも不幸なことが次々に起こり、藩主の姉虎満《とらまん》の病死はショックだった。慶長二（一五九七）年、青井社に霊社を祀って玖月善女の祟り祓いを祈願する。日向に逃れていた湯山宗昌は許されて帰国できたが、朝鮮出兵中病死するので、事件の晴れやかな決着には別の形が求められたのだった。

人吉藩は寛永二（一六二五）年、普門寺旧地に生善院を建立し、観音堂には千手観音を安置して、玖月善女と息子盛誉の菩提を弔う霊場に決めたのである。御堂に掛けられた鰐口《わにぐち》は若殿相良頼寛寄進なので相良家の強い思いは伝わるが、それだけでは安心できない。盛誉命日の三月十六日を市房社祭礼日にして、領民の「御嶽《おたけ》参り」帰途には、必ず生善院詣でをするような習わしを作り出した。藩主自らも実行するという誠意を見せられた玖月善女は、漸く成仏して冥途へ旅立ったのだろう。その後の相良歴史書に玖月善女の祟りは見えない。

全国各地の猫祟り伝承に劣らない「猫寺一件」は、相良七百年史上の悲惨な出来事だったが、大きな文化遺産を残してくれた。国指定観音堂、相良三十三観音二十四番札所、御嶽参りなどは我が郷土の誇りである。

「御嶽さんにはドッコイ今度が初よ　ご縁あるなら又参ろ　ナーイヨエー
傘を忘れたドッコイ免田の茶屋で　空がくもれば思い出す　ナーイヨエー」

球磨民謡の御嶽参りには現世のご利益を求めた人々の姿が感じられて微笑ましい。猫寺の主、玖月善女と盛誉の供養墓が御堂横に建っていて、豪商大河内氏奉納の文政八（一八二五）年花筒は親子の情を大切に想う心が、江戸時代人々の共感を呼び続けていた証であろうか。「ご縁あるならどうぞお参りくださいませ　ナーイヨエー」。

第七章　夫を支える内助の功の女たち

(1) 西南戦争(一八七七年)

江戸時代は士農工商の身分制度によって、この世に生を受けた瞬間から、自分の人生を自由に選ぶことなど、殆ど考えられない時が二百六十年も続いたのである。いつも高い所に在る貴い方が、私たち庶民の中に入り込んだり、姿を変えて悪を懲らしめるなどのお話は、下々の者の為政者に対する「こうあってほしい」と願う夢なのだろう。武士の持つ多くの特権は決して手に入れることのできない庶民の憧れだった。だから、徳川幕府がなくなって、明治天皇を最高峰に頂く四民平等の新しい時代を迎えた私たちは、明治維新を「御一新」と期待して提灯行列で歓迎したのだ。しかし、やがて新政府の内部は武士階級の政権交代に過ぎず、その中での新しい勢力争いが既に始まっていることに気付かされるのである。

幕末激動の波に乗れず新時代の隅っこに追いやられた不平士族の反乱がポッポッと湧き上がり、その決定打が新政府から身を引いて故郷鹿児島で一大勢力を築き始めた西郷隆盛の挙兵だった。明治十年の西南戦争では、人吉が西郷軍の通り道になったり、戦い敗れた薩摩軍再挙の為の陣営立て直し拠点が置かれたことで、新時代に揺れる人吉盆地人はさらなる試練を課されたのだった。私は相良家による一氏支配の七百年、武士の歴史に真の幕が下りる瞬間としてこの戦いを捉えて

新宮家三姉妹関係図 ㉖（数字は藩主の代を示す）

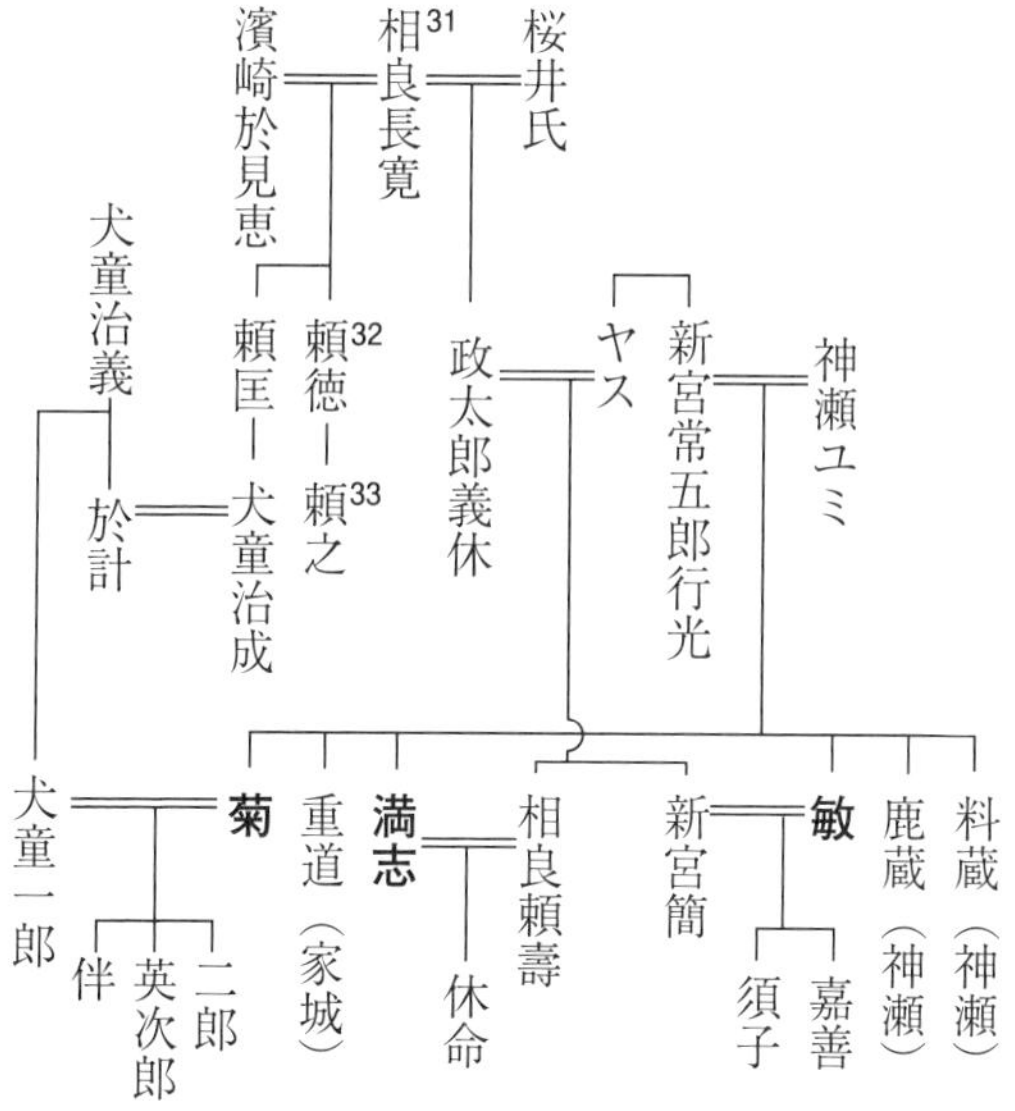

いる。

敵味方に分かれた新宮家の姉妹たち ㉖

藩の組織がなくなって、武士も町人も農民も皆同じという革命的な新時代が訪れて、元武士たちの特権が剝奪されたことで、生活の糧を失った人々の苦労が始まった。そこに勃発したのが最後の士族反乱「西南戦争」だった。「西郷挙兵、人吉通過して熊本へ」の報に人吉士族は立ち上がる。薩摩と人吉の歴史や明治維新の現状などが士族リーダーを動かし、あっと言う間の決定実行だった。しかし維新政府の戦力は大きく、西郷軍は人吉へ敗退して再起を目指す。永国寺を本陣とする西郷軍の長い一ヵ月余滞在は、人吉の人々にとっては余り有難くない現実だった。庶民も士族も女たちを戦争に巻き込み、人吉を焦土と化して西郷軍は去っていった。

父新宮常五郎と母ユミの三姉妹「相良満志（マシ）・新宮敏（トシ）・犬童菊（キク）」は、敵味方に分かれて戦う夫たちをどのように見ていたのだろうか。西郷軍に加担する老神町住犬童一郎妻菊と原城町住相良頼壽妻満志、政府軍の土手町住新宮簡《たけま》妻敏、三人の立場は微妙だった。彼女たちの人生を辿ってみよう。

【菊】　三女の犬童菊は天保元（一八三〇）年七月六日誕生。二十歳頃に五歳年長の犬童一郎権左衛門に嫁ぐ。犬童家は百五十石の高級官僚家で、菊は専業主婦として犬童家の奥を任された。夫の義父は三十一代相良長寛の孫治成（平兵衛）で姉婿にあたるのだが、実父の犬童治義が亡くなった時に跡継ぎの一郎が幼かったので犬童家の養子に入ったのである。物頭・用人と順調にキャリアを積む父治成と夫一郎が藩内での存在感を発揮するのは、文久二（一八六二）年に起こった未曽有の大火災「寅助火事」後の人吉復興だった。

城下町や武家屋敷、人吉城など壊滅状態の我が郷土を急ぎ元の都に戻さねばならない。幸い犬童家は焼失を免れ、勘定奉行の一郎は即行動開始。彼の仕事は借金の申し込み。まだ返済も終えていないのに、さらなる借金をする為の頭を下げねばならないのだ。大坂商人からの借金一万両は何とか工面できたが、残る五千両は当てにしていた肥後藩に断られ万事休す。駄目元の鹿児島藩は「よかんど。困った時はお互い様でごわんで」との返事に感謝の人吉藩だった。後は現米や製茶などをスムーズに運ぶ新道を建設して、慶応三（一八六七）年まで鹿児島と人吉往復の借金返済に奔走する日々となった。

犬童治成は家老に就任して幕末の複雑な人間関係に頭を痛めることになる。慶応元（一八六五）年に起こった「丑歳騒動」流血事件は、菊の実家新宮家が深く関わっており、姉敏の入り婿新宮簡の行動は犬童家にも無縁ではない。江戸幕府が揺れながら崩壊の道を辿る頃は、人吉藩内にも政争の渦が巻き、家老の治成は二年ほど蟄居させられる。尊王の嵐吹き荒ぶ京都へ行ったり来たりしているうちに幕府が無くなって、天皇を戴く明治維新が断行され、三十九歳の菊は明治の女になっていた。夫一郎は勘定方の能力に長けていたので人吉縣会計局役人に収まって、米・茶・椎茸・麻・苧などの販売のため、長崎、大坂、横浜への出張続きの生活となる。菊は当時としては珍しい西洋ランプや柱時計などに囲まれたハイカラな生活環境にあり、田舎ながらもグローバルな品物や考えに接していた近代女性の走りと言えよう。

菊の生活が一変するのは西郷挙兵だった。「明治政府にもの申す」と薩摩隼人たちが人吉を通過して熊本鎮台に向かう。人吉は薩摩の武士気質に感じていたので、早速神瀬鹿三《こうのせしかぞう》を隊長とする「人吉一番隊」を結成して西郷軍に合流し、政府軍と戦うが大敗を喫す。人吉に逃れて集結した反政府西郷軍は永国寺を本陣にして、政府軍との長く苦しい戦いの一ヵ月余滞在となるのである。犬童治成《いんどうちせい》は人吉隊総本部副総裁、一郎は会計係を受け持って食料・弾薬・軍資などの調達に苦心する。我が家の鍋釜は勿論、西郷の使う蚊帳や布団、漁具なども提供したという。

二年前、東京生活の子爵三十六代相良頼紹《よりつぐ》帰郷の際には、増改築した八十九坪の犬童家に逗留するほどの立派な屋敷なのだが、この非常時、我が家を弾薬製造所にして同士の家族たちにも補助をさせている。女たちの応援が必要なほど、事は逼迫していたということだろう。四十八歳の菊は「私たちも何か手伝いたい」と湯茶の接待を夫に伝え、毎日輪番制で藍田村岩河内《いわごうち》に出かけて通行の兵士たちに飲み物を提供したそうである。相良七百年は女のパワーを確実に貯蓄してき

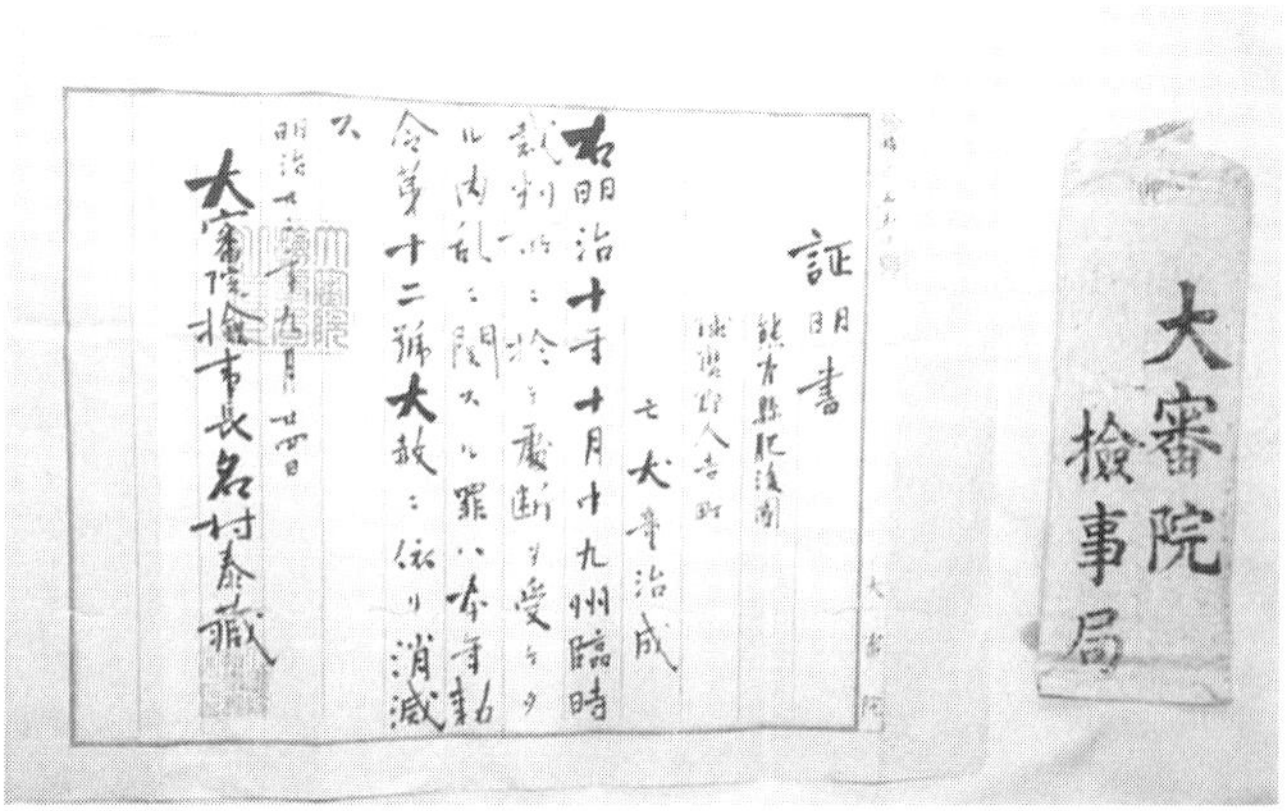

犬童治成の内乱罪消滅書（明治22）

たようだ。菊三女の伴（トモ）十歳は薩摩の村田新八と一緒
に林温泉に行ったそうだから、西郷軍と人吉武家屋敷人々の
交わりに温かさも感じられる。
　六月になると政府軍の勢いに押された西郷軍は城下から南
の大畑《おこば》に逃れ、さらに山越えで鹿児島へ。菊の息子二郎は祖
父治成から、「決死従軍男子腸　飛丸脂鉞欲摧剛　老夫憶爾
非存命　只在於聞侠骨香」と、激励の漢詩を頂戴して参戦し
ていたが、国分（鹿児島）で捕らえられて命は助かった。政
府軍として行動した新宮簡の説得によって人吉隊は降伏。戦
後裁判の結果、参戦者殆どが情状酌量の上無罪放免されたが、
相良頼壽や滝川俊蔵、那須拙速などは懲役刑となって、寒中
獄死の無残な最期だった。犬童治成も家族の嘆願空しく東京
監獄に送られたが、二年後老齢理由に出獄できて幸いだった。
老神町の犬童屋敷は戦災で焼けたものの、親子孫無事に生き
残って新しい旅立ちができるのも、菊が家を守り続けたこと
による。

明治十四（一八八一）年に父治成を、二十年に夫一郎六十二歳を見送って後、大騒動の明治が終わるころの明治四十一（一九〇八）年十二月、菊は亡くなった。七十九歳の長寿だった。どんな時でも自分を見失うことなく、時宜にかなう潜在能力を発揮し、行動力に富んだ近代女性だった。犬童家文書の中に治成の「内乱罪消滅証明書（一八八九）」が大事に保管されている。犬童家にとっての西南戦争に、ようやくピリオドが打たれた瞬間を表す文書なのであった。

【敏《トシ》】【満志《マシ》】

二女敏は文政十一（一八二八）年生まれで、一歳年上の夫「相良簡《たけま》」との結婚は十八歳頃だろうか。簡は原城の相良家一族御門葉の相良頼壽《よりとし》末弟で、安政六（一八五九）年に長男嘉善《かぜん》と長女須（マツ）を加えて新宮家の養子に入る。敏は実家新宮家の女主人というわけだ。家柄も子宝にも恵まれて羨む程に輝いて見えるが、歴史は厳しい。夫は幕末激動の人吉物語に無くてはならぬ人物になり、敏の気苦労が始まったのである。勘定奉行、船手頭、物頭……藩内での存在感を増す簡は、次第に尊王攘夷思想を胸に江戸の志士たちと交わり始め、簡の私塾「尚友舎」では国家論が展開されたことだろう。新宮家には吉村秋陽、佐藤立軒、大橋順蔵、小笠原敬次郎などの簡宛書状が多数残されていて、その分厚い束の奥には燃える思いの夫を気遣う妻敏の姿が感じられてしまう。

文久二（一八六二）年の寅助火事は人吉その後を決定づける一大事だった。お城も焼けてしまい、藩主相良頼基《よりもと》は二年間の願成寺《がんじょうじ》仮住まい。人吉復興の重圧と借金一万五千両が追い打ちをかけ、勤王どころではない筈なのに、藩主の急ぎ上京を促す簡。天皇のご尊顔を仰いで勤王の意志を見せなければ人吉の生き残りはあり得ない。翌年相良頼基は上京したが、簡の意見書は余りに激しすぎ、結果、入牢の上家禄没収、家族は謹慎となった。五男破魔男を出産したばかりの敏、産後の肥立ちは順調だっただろうか。

旧新宮家（土手町）人吉城移設堀合門は市指定

慶応元（一八六五）年には出獄して蟄居中の夫だったが、寅助火事後の武器購入策の違いから起こった「丑歳騒動」の流血事件には、簡の関係者が襲撃側に大勢いて、陰の立役者としての簡がクローズアップされるのである。結局薩摩紹介の英国式兵制を採用した人吉藩の政治係用人としての簡は益々忙しく、倒幕の企てに奔走したそうである。新宮家の家風は教養高き人物育成を目指しており、文学や詩文に秀で、茶道華道芸道に長じて刺繍織物技術の女指導者が家譜に名を残している。

相良簡と新宮敏は血脈を遡れば深い因縁から結ばれた夫婦である。簡の父相良義休は樅木九郎兵衛を斬って廃嫡となり、人吉原城に隠居させられた人物で、敏は何と殺された九郎兵衛の曽孫にあたるの

西郷軍本営の永国寺から人吉城を望む

だ。しかも、箇の母ヤスは敏の父新宮常五郎の姉だから、敏の伯母であるという複雑さ。加えて敏の姉満志は箇の兄相良頼壽の妻となっているので、兄弟姉妹親戚同士で結婚し、その関係は極密といえよう。相良七百年も続く我が郷土は、盆地人皆親戚の人間関係構図が他所にはない特徴のひとつといえようか。

　鳥羽伏見、会津出征、皇居守護など幕末の活動続きの箇は、明治新政府でも人吉藩権大参事、八代縣大属など重要な役職に就く。明治二（一八六九）年には丑歳騒動余波による箇の暗殺未遂事件もあって、妻敏は気の休まる暇がない。そしてついに起こった西郷隆盛挙兵。人吉士族は西郷方に味方するが、夫箇は政府方。どうする敏。

　息子嘉善《かぜん》、娘婿那須《なす》克己《かつみ》、義兄相良頼壽、義弟犬童一郎、実弟神瀬鹿三・神瀬《こうのせ》惟心《いしん》・家城《いえき》重道《しげみち》ほか親族一同が夫と敵対する中で、六十歳の敏は嫁の千代も一緒に女部隊として弾丸製造や湯茶接待などに献身したことだろう。病気がちの夫のことも気懸りでつらい。「我らが愛する郷土を灰にしてはならぬ」と、しきりに官軍の箇は降伏を促すのだが、息子の嘉善は拒否するのみ。親子の葛藤を母親敏はただ見守るだけの自分が哀しく悔しい。

ところで、「薩摩焼酎が届きもひたで、飲みにきやったもんせ」と薩摩軍村田新八の新宮嘉善を誘う手紙が残っている。新宮家は西郷軍幹部の宿舎になり、敏家族も屋敷の一角に住まいして薩摩隼人との親しい交流があったようだ。永国寺を本営とする西郷軍の人吉滞在一ヵ月後、六月一日、ついに政府軍が村山台地から砲撃開始。新宮簡指揮は目標を土手馬場の我が家に設定し、新式大砲は見事命中したという逸話が残っている。さらなる簡の勧告によって、三日後には人吉隊降伏。戦後処理の裁判を仕切る一人は同郷の簡である。参戦者殆どが情状酌量、無罪放免となったのは簡の助力もあったという。しかし相良頼壽や東九郎次、高橋水哉外を懲役刑にしなければ、人吉の反乱罪は収まらず、翌年七月、秋田監獄で亡くなった夫の相良頼壽を悼む姉満志の姿に、敏の胸は痛んだことだろう。元々頼壽は参戦には消極的であり、人吉三番隊結成時に仕方なく隊長を務めたのであった。その後、参戦者救済集会や弔魂祭などに息子嘉善が大きく関与して、敏の重荷を和らげてくれた。

郡内至る所が戦場となり、臨時避難場所には戦災で家を無くした人々が溢れて、目も当てられない状況だったとか。西郷どんの散歩道は人吉大変大騒動の跡だった。大畑村に誕生したかわいい女の子に「そど」と名付けた親がいる。庶民も戦いにかり出されて、右往左往する大変な数か月を過ごしたのだった。

翌十一（一八七八）年、夫簡五十二歳は病気療養のため人吉帰郷途中、高瀬（玉名市）にて波乱万丈の人生を閉じた。前年は三女の智久二十二歳を、新宮家初の神葬祭で送った敏の涙が乾く時はない。夫の十三年祭の明治二十三（一八九〇）年に敏は六十三歳で永眠し、永国寺玉峯院に葬られた。

相良七百年血脈の歴史証人たる新宮家三姉妹の人生を決定づけたのは、明治十年の西郷挙兵だった。長女の相良頼壽妻満志は、戦後裁判で有罪となって監獄に送られた夫を獄死で失う。二女の新宮簡妻敏は西郷軍に加担した二人の姉妹夫たちとは違って、政府軍として人吉を攻める立場の夫を複雑な思いで気遣い、翌年見送っている。満志と敏に比べて三女の犬童一郎妻菊は、戦争後の夫と過ごす時間を十年間持てたことに感謝したことだろう。

女スパイ吉永ツル ㉗

男の世界と考えられている激しい戦い現場に身を置いたツル女の記録である。

「吉永二寿毛《にすけ》母ツル女、御辞令並に賞与金伝達取り計らい、別紙請書並びに拝受証　進達候也
明治十三年五月六日　球磨郡長園田行真　熊本県令宛」

西南戦争三年後に大村の吉永ツルが官軍の為に働いた功績を認められて、賞与金が下されたという熊本県の記録である。ツルの功績とは何だろう。戦いに従軍した丸目徹の『明治十年戦争日記』にツル女最後の姿が見える。丸目徹はタイ捨流創設者丸目蔵人の子孫で、西南戦争では人吉

一番隊幹部として応接係を務めている。自分の従軍日記を詳細に記しており、当時の様子を知る一級資料である。

「四月三十日晴　鶴ト云奸そう婦有リ　敵ノ探索ナルヲ以　捕縛シ　来テ拷問ス

五月一日晴　本日モ鶴女ヲ詰問ス　此夜平川氏ノ女阿文ヲ呼ヒ　鶴女ノ事知ルヲ以　尋問ス　」

ツルは夫を亡くした女で、官軍から頼まれて人吉に宿営する薩摩軍や人吉隊の様子を調べていたのだ。この頃には西郷隆盛も永国寺に来ているし、山野敗走の人吉一番隊はようやく故郷に帰り着き、二番隊も結成されて、続々となだれ込む兵士たちを迎える準備に頭を痛めていた時期にあたる。人吉には危機感が充満しており、ツルへの拷問の激しさ、厳しさが感じられてならない。

翌日は知人の阿文も呼ばれて尋問を受けているので、ツルが白状しなかったということだろう。鶴女がどこまで探索していたのかは分からないが、スパイに起用されるぐらいだから軟ではないはず。しかし果たして何時まで耐えられたか。人吉隊本営の青井家屋敷（青井神社隣地）にツルの呻き声が……

『稲留三郎自伝』によれば、山田川鶴馬場《つるばば》（鶴田町）の上で処刑されてしまう。庶民や薩摩・人吉・熊本出身兵士などごった返す中で行われたツルの処刑は、事後を思っての不安感を募らせ、死との隣り合わせを実感させたかもしれない。人吉炎上まで一ヵ月、悲惨な現実が確実に近づいている頃の処刑だった。斬ったのは人吉隊の町田利平だったらしい。

ツルは願成寺門前の「歌鶴」とあるので、御座敷で歌舞を仕事にしていたのだろう。気っ風の良い女丈夫のイメージは、獺野原《うそんばる》合戦に活躍した「女密使　千」に重なって見える。女が密使に選ばれるのは相手をどこか安心させるものと意外性。そういえば、政府軍に圧されて人吉南へ移動した人吉隊は、六月三日に新宮簡（人吉士族　政府軍）からの降伏勧告書状を受け取るが、その使いはごく普通の農民姿の女だったとか。荒ぶる薩摩兵士たちの検問をすり抜けて届けられた書状が、人吉隊人々の命を救ったのだ。吉村欣也作の短編「ある恭順」にこの女性が登場している。

残念ながらツルのスパイ活動は死に至ったが、三年後のご褒美は余りに遅すぎるのではないか。実は戦争当年の十二月にはツルの賞与伺いがあったのだが、個人の遣いと見なされ、陸軍に関する者ではないからと、県庁一時雇役としての弔祭料金十円を下げ渡すという決定が出されていたのだ。ツルへの直接依頼は岩波氏だったが、スパイ使命は秘密だった。更に二年後、法華坂記念碑に刻された「球磨郡大村吉永鶴女」の名を兵事課が写し取って再考されたが、ここでも木下姓に間違われる役所のミスが重なって、結局ツルの賞与は一年後となった次第である。

ツルの存在自体も証明されにくいことがツルをミステリアスな女に仕立て上げる。女スパイの条件はまず美貌。当時流行の錦絵に艶やかツルが登場して、人吉城歴史館開催の「西南戦争と人吉展」に発表され、かなりの有名人に躍り出た。後年、懇意の願成寺僧侶が、大村鶴田下津に無記名墓碑を建て菩提を弔ったという。無事に浄土の人になったことを祈ろう。

(2) 幸野溝開削《こうのみぞ》　高橋政重《まさしげ》の妻 ㉘

「山を穿《うが》ちて岩を割き　四里の流れを一筋に　通しし君が真心は　国と民との幸野溝」

昭和初期、郷土の誇る音楽家「犬童球渓《きゅうけい》」作詞に詠われる君とは、幸野溝を開削した「高橋政重」のことである。三百年後の現代もその功績を称える記念祭が、多良木町中原の天神社で毎年行われている。水田三千五百ヘクタールを潤す幸野溝の開削事業には苦労続きの夫を支え励ました妻の姿が垣間見える。

人吉城下出水田《いずみだ》住の三十石下級武士高橋政重は、慶安三（一六五〇）年生まれで、石田家から迎えた妻との間に長男吉重以下五人の男子に恵まれるが、元禄七（一六九四）年に妻が他界する。五男忠蔵はまだ赤ん坊。藍田村別府家から迎えた若妻は娘が生まれて一気に六人の母親となる。奥の家事全般を任された生活は楽ではないものの、当時の女たちはこれぐらい覚悟の上、朝早くから夜遅くまで家族のために働くのが当たり前の時代だった。

二年後、四十七歳の政重に大きなプロジェクトの幸野溝工事開始の藩命が下り、奮い立つ。し

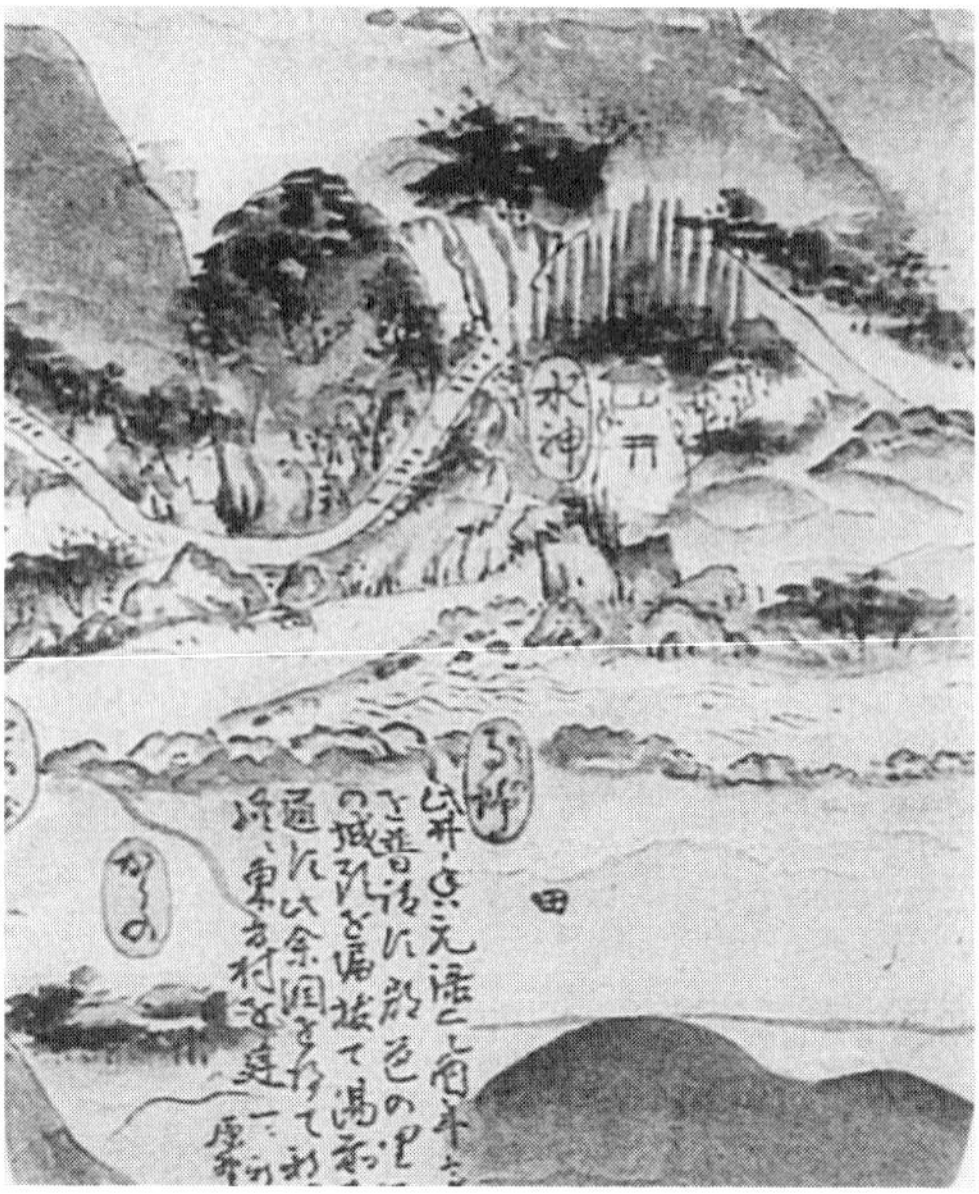

幸野溝取水口（球磨絵図　水上村）

かしこれが夫婦の真の苦労の始まりだった。岩野村（現水上村）幸野を球磨川からの取水口とする大堰建設が思いがけない難工事で、谷口三郎兵衛や高畠伝兵衛との協力作業も、肝心の水が流れ来ずに計画見直しが続いたとか。心身ともに疲労困憊した政重の慰めは子どもの成長だったが、工事二年目に愛娘が早世して戒名の「幻泡童女」には夫婦の深い悲しみが込められている。夫婦の試練はまだまだ続く。二年続きの豪雨による球磨川洪水が取水口の大堰を毎年流失させ、結果、難工事にかかる莫大な費用を「無」にする始末に政重の開削工事担当能力への期待感も薄まって、藩の資金提供は中止決定。工事はストップし、開発された新田と掘られた溝渠跡が空しく取り残されたのである。

工事再開の嘆願却下に落胆する政重を、「人皆失望　上者無議　下者箝口（新田天神縁起）」だったから、励ますのは妻の温かい言葉だけだ。二十二代相良頼喬死去から二十三代相良頼福への藩主交代後も状況は変わらなかった。政重は実力行使に出る。城下や郷村を廻って、幸野溝の必要性と可能性を説き、資金提供を訴えたのだ。家庭はしっかり者の妻に任せておけば大丈夫。観音菩薩像を背負って廻ったという伝承は、もしかしたら夫婦二人三脚を意味しているのでは、とは、考えすぎだろうか。努力は報われる。宝永二（一七〇五）年三月に工事再開が命じられて、政重五十六歳は挑戦のエネルギーを漲らせる。大堰再築や岩盤を刳り貫く暗渠工事は同役が辞任するほどの大仕事である。薩摩の隧道掘削技師を招いての増設工事によって十二月、漸く完成した。開始から十年もかかっていた。

新田から上がる税収は藩の重要な財源となり、高橋政重は郷士の偉人としての貫禄を相良史に刻んだのだった。表は夫、奥は妻、夫婦で頑張ったご褒美は宝永四（一七〇七）年二十石加増、享保二（一七一七）年五十石加増の計百石、勘定役就任であった。息子二人の死に涙したが、長男吉重に幸野溝暗渠部補修を託した政重は享保十一（一七二六）年、充実した七十七年の人生にピリオドを打った。戒名「精徳軒巨巖玄雲居士」が政重の人生を物語る。妻照屋寿光大姉は夫の七回忌を済ませて後、享保十八（一七三三）年に浄土へ旅立った。いつも明るく夫を励まし家庭を守り続けた女の道だった。

ところで、政重の実母戒名は覚岩寿圓、長男吉重は石翁浄鉄、吉重妻は泰岩法心で、幸野溝開削由縁を感じさせる。実は他にも高橋家には灌漑用水溝に関係した人物がいる。明治七（一八七

田代溝暗渠内部（人吉市田代町）

四）年生まれの、高橋主敬四女の箘能（カノ）である。箘能は大畑《おこば》田代村の守屋乙治に嫁いでいた姉無成（ムセ）逝去後の義兄と再婚して、第二の人生を歩き始める。十一歳年上の夫乙治は西橋家からの養子で、穏やかな人柄から人望も厚く働き者だった。製材業や骨粉会社などで財を成し、熊本県議会議員を始め多くの役職をもつ地域の知名士だった。

明治四十二（一九〇九）年、乙治は地元田代の水田灌漑事業と耕地整理に着手する。思いの外の難工事。小さで川からの取水は殆どがトンネル工事の上、岩盤も硬いので、作業に従事する人々の不平不満が高まって、事故を契機に村人の心が夫から離れて行くのだ。箘能は幸野溝開削の先祖高橋政重大事業の苦労話を聞かされて育っている。夫の支えにならねばならぬと励ますのは妻の役目。「誠意は必ず皆さんに届きます。この仕事私財を投げ打ち、自ら現場に出向いてでもやり遂げてください」。四年後の大正二（一九一三）年完成は、田代疎水工事記念碑（高畠藍渓書）に「田代士民之成功輿守屋氏之苦心　豈可不特筆」と、乙治の功績が高らかに詠われるのだ。

現在も豊かな水量を誇り流れる田代溝は、まさに夫婦愛情物語「夢の通り道（人吉第三中学校劇）」。

無言実行の夫を尊敬し「おじいさんはお金より徳を残した人」と、孫娘の治（ハル）に語っていた簡能。実家高橋家で培った学問素養を娘や孫たちに伝えた簡能は、夫を見送って二十七年後の昭和三十一（一九五六）年、八十八歳で亡くなった。溝開削高橋家の血脈を確実に受け継いだ女性だった。

(3) 人吉藩校「習教館《しゅうきょうかん》」人吉三賢の妻たち

江戸時代中期天明元（一七八一）年、東白髪《ひがしはくはつ》自邸講堂での習教館開講に始まる人吉藩校は、五年後に学問所「習教館」と武道場「郷義館《ごうぎかん》」が建設され、向学心に燃える多くの若者たちが学び育って、幕末の人吉藩をリードする人材を輩出するのである。士農工商という身分制度のある時代のこと、両館への入学者が武士に限られていたのは残念だが仕方ない。この学校を創るのに頑張った代表者が、儒学者細井平洲先生から「人吉三賢」と絶賛された東白髪、田代政定《まささだ》、それに豊永訥《とつ》の三人だ。彼等の実力は全国レベル。江戸の平洲塾「嚶鳴館《おうめいかん》」で学んだ実学を藩政に活かそうと懸命に努力する。城下町や郡内を廻って、民衆に人としての生きる道を分かりやすく語り伝えるのだった。町在教諭や回村講和という。

相良教育史に大きな足跡を残した人吉三賢の、江戸と人吉往復の多忙な活躍ができたのは、夫の留守を守って後顧の憂いを感じさせない賢妻がデンと座っていたからだ。山内一豊の妻千代に負けず劣らずの女たち。人吉三賢を夫に持った妻たちの賢人ぶりを辿ってみよう。

細井平洲と人吉三賢自筆（東元堅白髪田代忠左衛門政定豊永訥）

東白髪妻喜慈《きじ》 ㉙

習教館創立時の初代教授には東善次郎元堅白髪が就任する。毎朝我が家から拝んでいた上村の白髪岳《しらがたけ》から白髪を号にしている。白髪は別府家から東道（南町）の東家娘喜慈の婿養子に入る。秀才が認められて江戸の細井平洲塾での学問修行を始めるのだが、幸運に恵まれ続けて出世街道の人生を歩いて行く。しかし結婚当初、妻喜慈の苦労は並大抵ではなかったようだ。東家は二人扶持だから一日米一升分の給料しかなく、父東武紀は玉置流筆道を学んだ右筆なので役料はあるものの、夫の学問修行には経費がかかるし、子ども三人（尚禮・房・元成）いて生活は大変だったのである。

そんな中、安永八（一七七九）年に夫の実兄別府半蔵が江戸で失踪して御家断絶、母が一人残されてしまったのだ。どうしたら良いか。夫の苦悩が喜慈にも伝わってくる。平洲先生からも励ましの手紙が届く。考えてみれば親孝行は当たり前。生活がどんなに辛くても義母の面倒を見ようと喜慈は決心するが、有難いことに義母宛にお上から助命年金一人扶持が下されることになった。夫もこれで心おきなく仕事と学問に精出して励めるだろう。

子どもの成長は親の楽しみだ。長男尚禮は幼い頃からとても優秀で、東白髪は息子の作品を平洲先生に送って、その自慢心をやんわりとたしなめられた事もあった。「早熟を望まず小さい内は伸び伸びと過ごすのが良いのです」。

寛政三（一七九二）年、十八歳の尚禮は家老格東本家三百石の養子になる。平洲先生からお祝いの手紙が届いて夫も息子の将来安泰を喜んでいる様子に、母喜慈の心は複雑だったに違いない。我が家のような下級武士の身分では学問ができても、政治の舞台で大きな仕事ができるわけではない。だから息子の出世は嬉しいが、これからは他家の人。病気の看病もできないし慰めの言葉をかけることもできない。母は気にかかる。だが息子の幸せは母の幸せと、喜慈の大きな祝福が尚禮を勇気づけるのだった。

喜慈はゆっくりとした時期を過ごすことはできなかった。天明元（一七八一）年に白髪は三十一代相良長寛の絶大な信頼と後援を受け、車道《くるまみち》の我が家を改修して学問所を開設する。小さな講堂はアッという間に満杯となり、城内の大きな屋敷に移転するが、そこも学生で溢れた為に習教

白髪東先生墓（田代政典撰　瑞祥寺）
（元の場所から移転三ヶ所目

館を建造したのだ。平洲先生の教育目標である、実践を伴う学問「学・思・行相まって良となす」をバックボーンとする充実の学校運営によって、藩内の人材育成は着々と進んで行った。二階建ての我が家を「白雪楼」と称し、来訪者が増えるにつれて喜慈は益々忙しくなった。

寛政五（一七九三）年に白髪は百石の用人に抜擢されて両館奉行となり、翌年には新嫡子相良頼徳《よりのり》の教育係となって活躍の場を江戸に移す。出費が増える。こういう時こそ妻喜慈の奥采配は腕の見せどころといえよう。給料と御手当てだけでは当然足りず、質素倹約に努めても出るものは出る。喜慈の経費節減にもかかわらず東家の帳簿は赤字続きで、ついに借金の年賦返済お願いとなってしまった。「微禄より引き上げられて物入りが多くなりました。近年は旅勤め続きで勝手向きの世話が行き届かずに年々借銀が嵩んでおり、その返済方法が見当たりませんので、金七十両銀三貫二百五十目の拝借金銀を年賦上納させて下さい」。文化四（一八〇七）年の東白髪が還暦、妻喜慈が五十代の頃である。嬉しいことにお上からの返済延期許可が無事におりた。結婚以来四十年近く、やり繰りに追われ続ける喜慈の苦労が見えるようで、内助の功もここまで来れば立派なものだ。もっとも白髪は七年後には加増されて百五十石になるので、返済も目の前だ。

人生にお金と子どもの苦労はつきもので、喜慈最大の悲しみは養子に出した尚禮の早逝だった。尚禮は二十代半ばに後養生を心配させるような病気に罹っていたが、勤務復帰後の文化三（一八〇六）年、三十三歳で亡くなって、江戸大安寺に葬られた。家督相続前だったので東本家の家譜に名前がない。

東白髪は福将《とみもち》、長寛、頼徳、頼之の藩主四人に仕えて、七十六歳まで現役のバリバリシルバーだった。隠居四年後の文政十（一八二七）年に喜慈は亡くなるのだが、藩主直々の依頼による「習教館規則作成」という白髪最後の大仕事を見届けての逝去だった。白髪はその二年後に八十二歳で喜慈の後を追い、偉業の足跡が「白髪東先生墓」碑文（田代政典撰）に刻まれている。碑文の中の喜慈は「武紀君女」と記され、原城の瑞祥寺に眠っている。

田代政定妻トミ ㉚

安永三（一七七四）年、江戸藩邸で細井平洲講釈が始まった。藩主以下裃着用の武士たちが正座して、難しい内容を易しく分かりやすい言葉で語る儒学の教えに耳を傾けたのである。「先人の教えを学び知らねば暗がりにいて何もできない」と教育の大切さを説く平洲先生の実践論は、門人上杉鷹山の米沢藩改革の成功を導いている。我が藩でも……というわけで平洲先生お気に入りの人吉三賢（東白髪・田代政定・豊永訥）が尽力して、天明六（一七八六）年に人材育成の館「人吉藩校」が麓に建造されたのだった。

田代政定妻トミは十四、五歳ごろに江戸留守居役樅木家から田代家に嫁いでくる。夫政定はトミより十歳年上の、藩内での実力は誰もが認めるやり手だった。この頃の政定は学問所を作るために平洲先生と藩とのパイプ役も兼ねていて、御門葉相良織部に平洲揮毫の習教館扁額を届けたり、家老神瀬惟弘などとも親しく接していたようだ。「東白髪自邸での学問所開設記念講演は東・田代・豊永の誰がしたのか」と問う平洲書状は、天明元（一七八一）年十一月だから多忙な夫を支える妻トミの日常はきっと甘いものではなかったろう。二年前には四歳の長男を見送る悲しみもあったが、トミは婚家の家風大事に女の道を学び歩いている。父を九歳で亡くし十八歳で嫡孫《ちゃくそん》承祖《しょうそ》した田代政定は一家の大黒柱、期待の星である。江戸から尾張まで平洲先生のお供をした天明三（一七八三）年に、夫は惜別の漢詩三首を贈られて大感激。さらに開校したばかりの尾張藩校「明倫堂」のエネルギーを実感して帰国し、燃える思いを妻に語ったことだろう。郡奉行の夫、可愛い子供たち。夫の妹気弥は人吉三賢のひとりである豊永訥に嫁いでおり、田代家は順風満帆でトミは幸せだった。しかし人生はそう甘くない。不幸は突然襲ってくる。

天明五（一七八五）年四月に豊永訥が二十七歳の若さで亡くなり、妻気弥と幼い息子重謙が残されて心配だ。訥は翌年の習教館建造を前にしての突然死。人吉藩にとっては何とも勿体ない彼の死だった。一ヵ月後には実母も見送る不幸続きの気弥。つまり田代家の姑が亡くなってトミは葬送行事に追われることになったのだ。三年後には童女貞の野辺の送りもあって涙の乾く暇もないトミ。

悲劇はこれだけではなかった。七年後の寛政四（一七九二）年八月十六日、トミの夫田代政定が病死した。若殿の教育係に抜擢されて、前途洋々の未来が約束されている、これからという志半ばで帰らぬ人となったのだ。三十歳のトミは八十三歳の大姑世話や三人の息子たちを育て上げねばならず、肩の荷がズシリと重い。田代家は十一歳の息子政典《まさのり》が家督を継ぐが、成人までは幼少扶持の収入半減生活が続くのだ。学問稽古と武芸修練の費用だけは倹約できない。だがこの年、幼少扶持の家には上納税金が割引になったり、借銀返済の年賦延期が許可されたりして優遇措置がとられたので、トミも気弥も助かった。

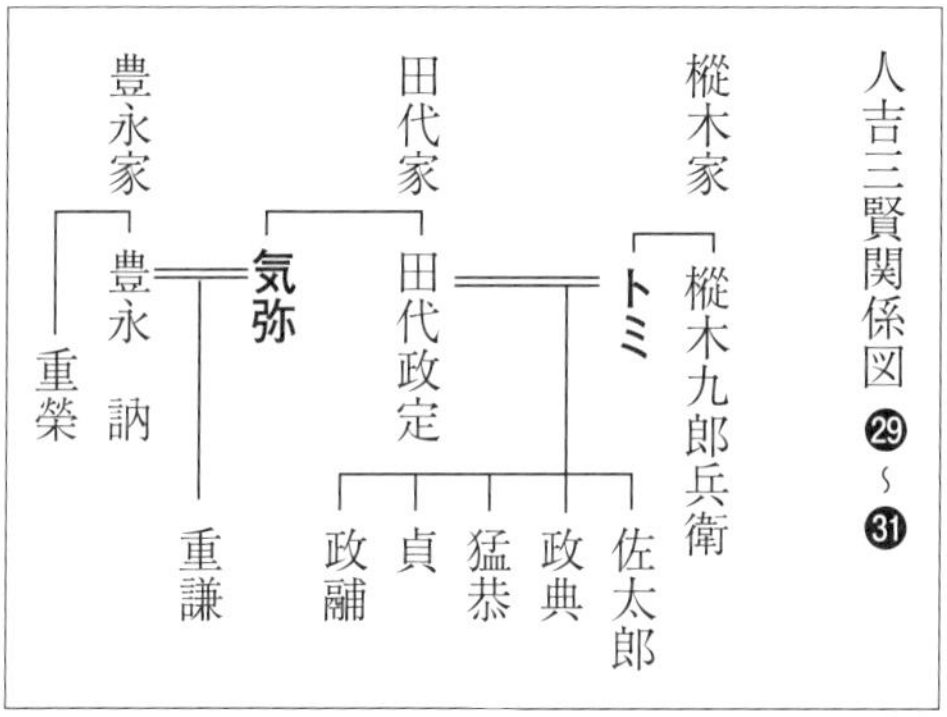

　不幸はまだ続く。九月二十九日の江戸、トミの実兄樅木九郎兵衛が藩主相良長寛の嫡男義休から殺傷される事件が起こる。田代政定の四十九日法要前のことで皆々茫然自失、何が何だか

分からない。なぜか藩史に記録はなく極秘に葬られた事件だった。樅木家だけに残されていた古文書から藩の事後対応を知るのだが、それは別項に記したのでここでは略す。実家樅木家には三人の子ども（久泰・ソチ・コウ）が残されたが、十三歳久泰の嫡子相続と御家安泰が認められたものの、親類が後見せよとの家老達状が届いて、叔母の田代トミが「三孤」の世話役になったとか。自分も夫を亡くして大変な筈なのに。誰にでもできる事ではない。そういえば、両親を亡くした実家の甥姪を婚家に引き取って、師範学校まで出した昭和女性の話を聞いたことがある。誇るべき我が郷土の温かい心意気は、江戸時代相良女から受け継がれたものと言えよう。

「家訓甚厳」。トミがスパルタ教育をしたのかどうか、その教育法は功を奏したと言えるだろう。政典・政龥《まさかま》兄弟は幕末の家老職に就いて藩政の舵取に力を尽くすのである。二人の綿密な「家老日記」が残っており、学問に関しても著述を残すほど高レベルの兄弟である。トミ六十六歳の逝去は文政十一（一八二八）年四月一日。葺山《なばやま》騒動（一八四一）で家老田代政典が自決するという悲しい事件を知らずに浄土の人となったのは幸いだった。トミは永国寺の先祖墓地に眠っている。

法号　円海珠光大姉。

豊永訥妻気弥《きや》 ㉛

田代政定妹の気弥は人吉三賢のひとり、豊永官右衛門訥に嫁いで順風満帆の人生が約束されているように見えたが、人吉城麓に学問所の習教館建物が完成する前年の天明五（一七八五）年四月に、訥が亡くなってしまい、若妻気弥と幼い息子重謙が残された。訥は四年前に家督相続したばかりで、人吉の将来を担うと誰もが期待する大器だった。義兄田代政定より七歳、東白髪より十一歳若いのに平洲先生は同レベルと見ていたようだ。訥の嚶鳴館《おうめいかん》（江戸の細井平洲塾）入塾時には「優秀な若者が入門した」と他藩の門人に書き送っているほどの秀才ぶりを発揮している。先輩の白髪も訥には一目置いていたようで、自分の江戸参勤留守中の塾経営を安心して任せている。

習教館では特に学問導入の童子教育期を大切にしている。幕末の寅助火事（一八六二）では両館も焼失したのだが、一週間後には、子どもたちの勉強だけは山北貫之介屋敷を使って再開している程だ。学問修行においては、継続は力なり、日々努力である。藩校では童子教育の中で「教《きょう》札《さつ》」という暗唱用テキストを用いているが、この暗記用の紙札を考案したのが訥だった。細井平洲から「尾張藩校明倫堂で、九才以上十四歳以下の童子生に暗誦させてみたら、孝経・論語・孟子など、何の苦も無く誦みました。人吉でも追々暗誦ヲ御仕立可被成候」とのアドバイスを受けての実行だったのだ。死後は東白髪がその事業を引き継いだと、寛政十一（一七九九）年、一冊に纏められた教札の序文に久保山伯斐《はくい》が書いている。教札は「一理・両儀・天五気・十干・九州路……」など、数に関する語彙から始まっている。日々の一枚一枚は何の関連性もなかったかもしれないが、まとまれば歴史や文化的背景を持つ意味深い紙札の蓄積だった。

早すぎる訥の死は人吉藩校の歴史からは誠に残念で、勿体ない人物を失ったことになる。東白髪は英才訥の墓碑文草稿を平洲に送って添削を受けたが、現在、その墓は一族墓にまとめられた為、碑文は判らない。

百石豊永家は嫡子重謙の成人までは訥弟の重榮が継ぐことになったので、気弥の心配は減少したかに見えたが、一ヵ月後には実家の母を見送るという不幸続きの年だった。さらに寛政四（一七九二）年には重榮が亡くなって、元服前の重謙家督相続後は、幼少扶持しか頂戴できず、気弥の才覚でこの難局を乗り切らねばならなかった。その後重謙はどんどん出世して、義兄弟の田代政典や政蒲と同じく家老職に就くのだが、文化十（一八一三）年八月に亡くなった母の気弥は、息子の晴れ姿を見ることはできなかった。原城瑞祥寺に夫と共に眠っている。

気弥についての資料は今のところ皆無で、豊永家や田代家系図の中でも訥と結婚したことしか記述がない。二十代で夫を亡くした気弥が豊永家存続にも気を遣いながら、訥の息子をどのように教育したのか興味あるし、切に知りたいと思う。

現在、人吉三賢の東家、田代家、豊永家は三家共に人吉外住である。

(4) 老神《おいかみ》社神官の妻　春顔貞性 ㉜

球磨川左岸、人吉市老神町に鎮座する「老神神社（現在名）」は大同二（八〇七）年草創だから、千二百年以上前からの由緒があり、境内に入って国指定重要文化財の建物を前にすれば、何だか遠い昔にタイムスリップしたような不思議な感覚にとらわれる。ここは相良家の産土神《うぶすながみ》として尊崇を集めていた格式ある神社で、歴史の表舞台を歩いてきた神職系譜を誇る御家柄である。江戸時代老神社の神道基礎を築いたのが「尾方惟豊《これとよ》」と言われており、その神官妻として家や夫を支えた「春顔貞性」の女道を覗いてみよう。

老神社神官は「深瀬」苗字から始まり、文禄年中（一五九二頃）に尾（緒）形（方）姓に変わったとか。天文年間（一五五〇年前後）の深瀬伊賀介は、十七代相良晴廣の愛馬を祈祷によって生き返らせたと伝わるが、なぜか、神社前の球磨川に入水する。榎などの樹木が鬱蒼と茂る中にある小さな社が老神社の前身で、入水地を榎渕水神と呼ぶ。寛永五（一六二八）年に二十代相良長毎《ながつね》祈願による相良清兵衛指揮の下で、平らに整地して現在の老神社殿が造営された。

明治の四十五代神官尾方惟次まで、老神社史には多くの人々が登場して夫々の人生模様を描いている。宝永元（一七〇四）年頃、那須家から三十九代尾方惟豊に嫁いできた春顔貞性の目には、

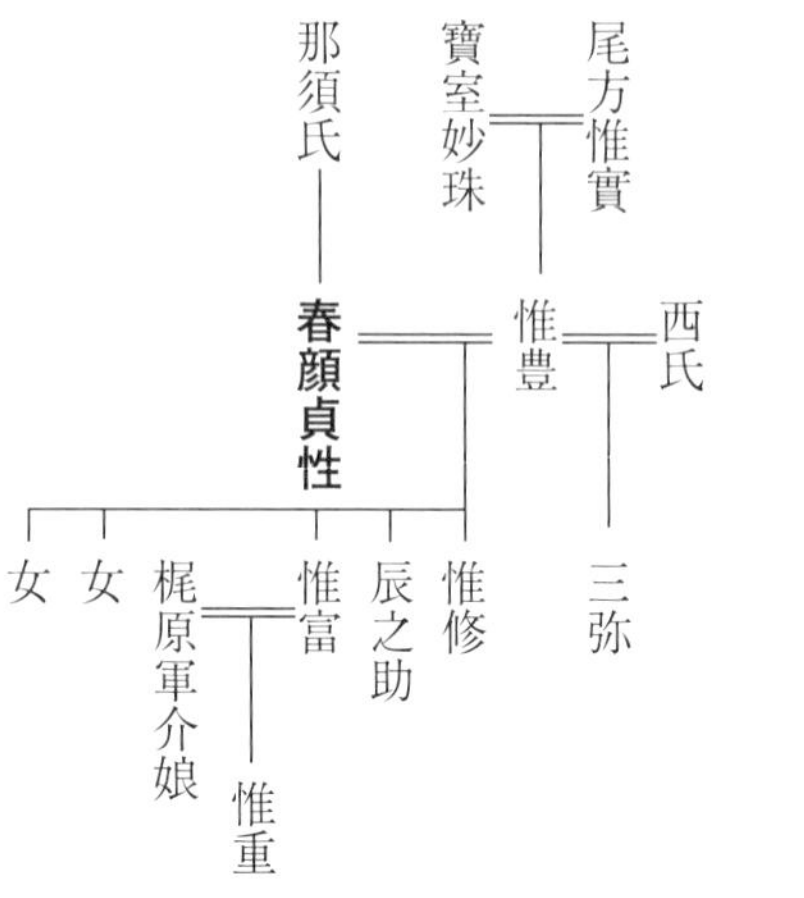

老神社神官妻春顔貞性関係図 ㉜

神道に精通して奥義を深めようと志高く研鑽を積み上げる夫がどのように映っただろうか。

十八神道の行を始めたのは老神社創立以来惟豊が初めてで、京都で吉田神道を学び、精進の結果免許状を貰って帰郷する。惟豊は神官としては勿論、学者としての実力も認められて、藩主に直接「神代巻（日本書紀）」などの講義討論をしたこともある。妻は長男惟修《これのぶ》、辰之助、惟富、二女児が次々と生まれてゆっくりする時間など考えられない。実は惟豊は再婚で前妻（西氏）との間に三弥という息子もいたから、春顔貞性は姑と一緒に子どもの世話をしながら、神社参拝者ご接待にも気を抜くことなく励まねばならず、大忙しだ。惟修誕生の翌年（宝永四年）十月四日には大地震に見舞われて、人吉城始め武家屋敷や城下町にも相当の被害が出た。幕府への報告書には「寺社少々破損（老神社外の）石之鳥居二ヶ所倒れ」とあるから、我が老神社でも春顔貞性の片付け指揮奮闘ぶりが目に見えるようだ。

夫の実父尾方惟實は多良木黒肥地の王宮社からの養子だが、早い時期に中風で倒れてしまったので惟豊が若くして老神社の神職を継いだのだ。だから姑「宝室妙珠」の我が子への期待感はかなりのものだったろう。当時の嫁姑関係は嫁いだ家の人になる為の厳しい教育を感じさせる雰囲気だったから、嫁の一日は気苦労絶えないものだったかもしれないが、学問好きな我が子の成長

老神神社境内（国指定　老神町）

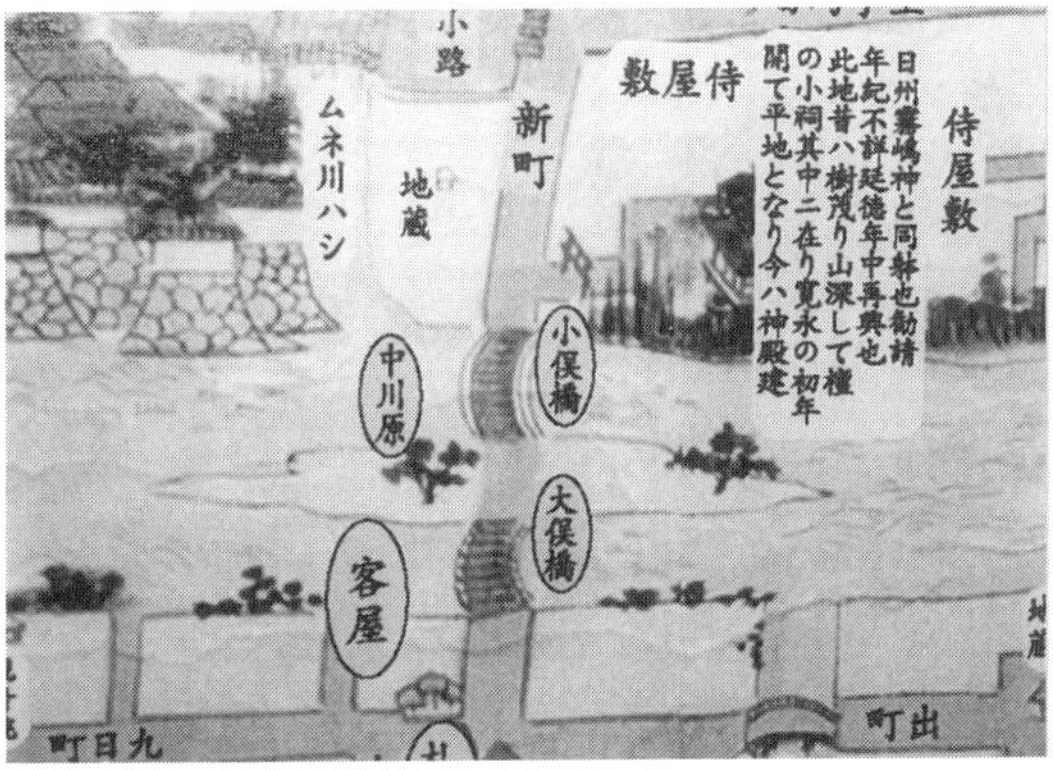

老神神社由来と場所（球磨絵図）
球磨川にかかる小俣橋を渡ってすぐ右側に老神社が描かれている

が生きる力を与えてくれる。

それにしても神社の生活にはお金がかかる。藩からの年渡祭礼料や土手馬場・老神馬場氏子武士たちの支えはあったものの、出費は膨らんでいく。夫の学問修行舞台は京都であり、その費用は藩からの拝借金で賄うので、無利子ではあっても当然返済せねばならない。後年、子の惟富や孫の惟重も京都で神道修行をすることになる。借金二貫三百目が十年賦で返済できず、寛政元（一七八九）年には二十五年賦に延長申請している。学を究めるって簡単ではないようだ。殿様が立願されれば神馬一疋が奉納されて助かるのだが。老神社は藩の産土神《うぶすながみ》だから藩主や武士のお子様誕生日晴には必ず参詣があり、ご接待は奥の仕事。また正月二日には藩主や代参等多くの参拝者を迎えるし、病気ご祈祷や神楽舞の時も気を遣う。春顔貞性の頑張る姿が頼もしい。

夫は益々張り切って檀家に相談して神社境内整備に取り掛かる。狭浅の池泉改修の築仮山・怪石等の輸送費は地元豪商大河内家が引き受けている。池は天井だから源水が無くても決して涸れないのだそうだ。老神社が単なる社ではないことを再認した春顔貞性は、神田米で醸造したお神酒の味に「甚濃美」と満足気の夫に、これまた喜色の妻となる。

享保九（一七二四）年二月二十九日に春顔貞性は四十歳頃亡くなった（春顔貞性の誕生年は不詳）。長男惟修は学問の道を歩み始めたばかりの十九歳。子どもたちの将来を憂いながら母は仏様の元へ旅立った。神官の妻でも当時の葬送は仏式で、明治三（一八七〇）年没の青井八十が、人吉初の女性神葬だそうだ。向き合う形の夫婦墓から生前の仲睦まじさが感じられて安堵する。

夫の惟豊は寛延三（一七五〇）年に老神社職系譜を纏めて、神職を二男惟富に譲り翌年八十一歳で死去。「死の間際まで耳目完全　心魂秀徹」と父の事績を墓碑に刻むのは、学生の長男大神惟修と二男の祠官大神惟富兄弟である。惟修は京都の伊藤東涯に学んで後、緒方蘭軒《らんけん》の名で八人扶持藩お抱えの学者になって、藩主・門葉・家老・用人から下級武士まで、藩内多くの門弟が惟修の教えを受けたのである。「深水宗芳墓碑文」「大悲坂碑文」「幸野溝新田天神縁起」等に名文を残している。三十歳頃旅立ち前の「奉建誓禁酒盃祈」を老神権現社に出していることから、真面目で自分に厳しい人物だった事が分かる。

神職を継いだのは二男の惟富である。寛延二（一七四九）年の屋根葺作業落書きに、「かん主緒方源之尉　此同おちかとのと申人ハいきほとけと申候」とあるのが惟富夫婦なら、梶原家から嫁いだ妻の神々しさと柔和さがまさに生き仏様であり、今は亡き姑の春顔貞性に重なって見えるようだ。娘二人は新町吉村家、老神田代家に嫁いでいる。春顔貞性は老神神職のもっとも輝く人材輩出期に登場し、その血脈を繋いだことに大きな存在感を残した人物だった。現在、老神社尾方家はない。

(5) 茸山《なばやま》騒動　田代政典妻イエ ㉝

天保十二（一八四一）年二月九日、相良七百年史上唯一の農民一揆といわれる「茸山騒動」が起こる。翌十日、事件の責任を負って家老田代政典が自決して一件落着の形となったが、二ヶ月後には、頼みの嫡男田代政纘まで病死するという二重の悲しみに見舞われた政典妻のイエ。激動の幕末を田代家と共に生き抜いた一人の女の話である。

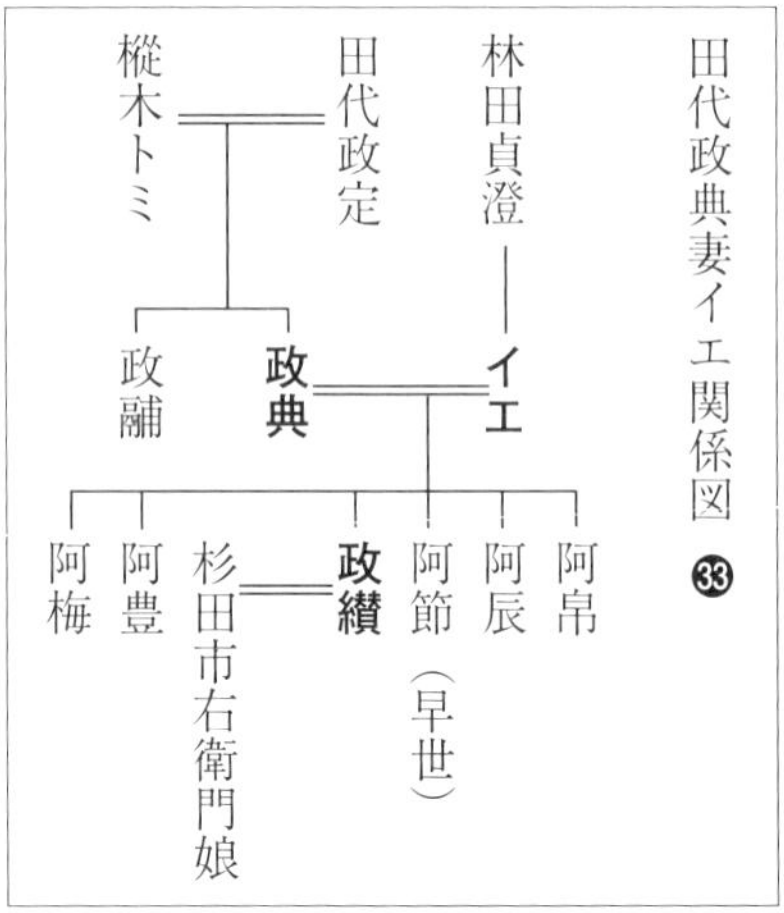

田代政典妻イエ関係図 ㉝

イエは天明八（一七八八）年生まれで、父親は原城居住の五十石林田七右衛門貞澄。幼い頃は実家不遇の時期にあたり、原城に隠居させられた元嫡子の相良義休ともちょっぴり接点があるようだ。六歳年上の田代政典の妻になったのは十八歳頃だろうか。夫の政典は父政定、母トミの長男で、奉行格田代家を家老級に引き上げた程の実力者だ。天明二（一七八二）年生まれの政典は最後の江戸嚶鳴館《おうめいかん》細井平洲門下生。父政定を十一歳で亡くした後、幼少扶持の田代家を支えた母の厳格な家庭教育が実って、政典は文化十（一八一三）年に三十二歳で百五十石勘定奉行となる。お城勤めは勿論ながら、平洲没後は久留米の樺島石梁に師事して学問にも励み、槍の名手でもあったので武道鍛錬は日課である。妻イエとの間に一男五女も誕生して明るく楽しい明日が約束されているように感じられる。若妻には夫の文武両道の姿が頼もしく前途洋々、輝いて見えたことだろう。

文化十四（一八一七）年の嫡男政纉《せいさん》誕生は田代家安泰の鯉のぼり。同年火事に遭って灰久保馬場に移転する辛さはあったが、その後の政典は出世街道まっしぐら。勘定奉行と用人・郡奉行兼任して、ついに文政四（一八二一）年家老職に抜擢される。身分制度下の三百石昇進は破格の待遇である。三十三代藩主相良頼之の絶大な信頼と大きな期待感溢れる人事に、夫婦相和して臨まねばならない。妻イエの身も引き締まる。新田開発や苧・茶・楮・漆などの農産物専売制を強化し、大坂や石本勝之丞ら領外大商人と駆け引きしながら、借金まみれの藩経済立て直しプロジェクトを実行していく田代政典。しかし事の成就は難しい。責任感強く仕事に忙

34代相良長福肖像画（茸山騒動直後人吉初入り）

殺されて疲労困憊の政典を支え慰めるのは、家庭を温かく守る妻と子どもたちの存在だったと思われる。領内では次第にお上への不満が膨らみ続け、一触即発状態に陥ったその誘因が「茸山」（当地ではきのこ類を茸《なば》と言う）の藩直営事業だった。

椎茸栽培山への出入りが禁止されて日々の暮らしに不便を感じていた領民は、これまでの不満が一挙に爆発して、人吉城下に押し寄せる。一揆だ。天保十二（一八四二）年二月九日、林村の祇園堂で上がった鬨の声を皮切りに、一万人以上の農民たちが五日町・七日町・九日町・紺屋町・田町などの椎茸問屋を打ち壊したとか。この大事件、判らないことだらけ。一揆首謀者は誰？一揆発生二日目に永国寺裏山樹薫畑《じゅっくんこば》から、一揆の激しさを見た家老政典六十歳は即自決。何故？四日後には藩主親戚御門葉相良左仲の和解案に説得された一揆勢が、スーッと引き上げたのは何故？一件落着の筈が翌年になって左仲に切腹が命じられたのは何故？家老と門葉不仲による一揆だった？一家大黒柱の夫を失った妻からみれば何とも納得できない表社会の政治抗争だ。夫を「葬于家圃中」った二ヶ月後、イエに一人息子政纉の死が伝えられて二重のショックとなるのである。

政纉は田代家希望の星だった。佐藤一斎門下となる十八歳の旅立ちは、不安げながらも意気揚々。若者はいつの時代も輝いている。送り出す母の心を想いながら勉強、勉強、また勉強。富士登山や江の島旅行記、国家論などを記した政纉自筆草稿が残っていて、若々しくエネルギッ

田代政典妻イエの墓（永国寺）

シュな文体に魅せられる。時代を見る目を持った、人吉の未来を背負う大人物の貫禄を感じさせる若者だった。茸山騒動の顛末を聞いて、病気に罹っていた政纉は藩の一大事と、新藩主の三十四代相良長福初入国のお供に加わって帰国の旅に出たが、駕籠に揺られて岡崎まで来たものの、病重篤の為四月二十八日、これ以上は無理。「岡崎駅ニ而及不幸候（賢隆院初入部日記）」と彼の死が記された。二十五歳だった。地元岡崎の極楽寺に葬られるが、自決したとの言い伝えもあるという。政纉の妻杉田市右衛門娘を実家に戻して、田代本家は政典の弟政毓が継いで後、漸く、イエは喪失の悲しみに包まれるのだった。

政典が自決した場所に建てられた小さな墓は、藩重役を務めた人物のものとは思えぬほどの侘しさで、妻イエの心境や如何。永国寺山の南端、西南の崖中腹に建つ墓は、現在は有志たちの数回調査でも発見できないらしい。昭和九（一九三四）年八月二日に調査した故種元勝弘氏メモによれば、西に面して建つ墓の文句は「田代氏建立（右側）三界萬霊塔（正面）天保十二年辛丑七月七日（左側）」である。榊二本が植えられているという。

長女阿帛（オキヌ）、五女阿梅を結婚させて激動の幕末期を乗り切ったイエは、維新後は人吉城下から離れて一武村本別府（錦町）に移住する。田代家を温かく見守り、夫や息子など一族の菩提を弔う彼女の余生は、八十八歳米寿を迎えた明治八（一八七五）年八月六日で、その幕を閉じるのだった。時代に翻弄される人生を凛と生きた武家妻の死だった。法名　清涼院梵室壽音大姉。「貴女が二年後の西南戦争で、戦い苦労する田代家を見なくて良かった。今は永国寺墓地の皆様とご一緒に、安らかにお眠りください」。

(6) 薩摩瀬下屋敷《さつまぜしもやしき》の初女主人　蓮池寶心《れんちほうしん》 ㉞

人吉市相良町にある旧国民宿舎くまがわ荘跡地は、江戸時代相良家の下屋敷があった所である。球磨川続きの広大な敷地では歴史の狭間を彩る人間模様が描かれて来、宝暦九（一七五九）年の二十七代相良頼央《よりひさ》暗殺「竹鉄砲事件」の舞台は、まさにここ下屋敷池中に建つ観瀾亭《かんらんてい》だった。頃は江戸初期寛永年間、天下分け目の関ケ原を乗り切った相良家では、ワンマン家老相良清兵衛失脚を画策中に、二十一代相良頼寛の弟長秀の婚礼が行われた。相手は最近取り立て五十石の鎌田市左衛門娘で、藩主弟の妻にしては格違いのような気がするが身分差を超えるほどの女性だったのだろう。玉の輿には間違いない。実名不詳で法名が「妙性院殿蓮池寶心大姉」なので、ここでは蓮池寶心と呼ばせて頂こう。

　元和六（一六二〇）年誕生で十八、九歳頃結婚して寛永十六（一六三九）年には長女於亀が誕生する。夫長秀は慶長十二（一六〇七）年生まれの、妻より一廻り年長。須恵・久米三千石を領し、丸目蔵人《くらんど》に学んだタイ捨流武術で鍛え上げた勇猛果敢な性格だった。寛永十七（一六四〇）年に「御下の乱」が勃発して、権勢を誇っていた相良清兵衛一族が領内から一掃され、相良頼寛は漸く藩主として思い通りの領内政治を行えるようになった。青井社の御神幸祭礼を復活したりして事件後の領内平穏に努めるが、正保二（一六四五）年三月に村上源氏の流れをくむという村上左近一家突然の乱が起こって、領内は再び騒然となってしまう。この時歴史は長秀を必要としたのだ。長秀の人望によって領内の混乱を収拾し、人心を纏めようと藩主は考えたのだろうか、この年江戸の長秀一家は人吉移住となる。長男庄次郎は早世したが四年後には二男頼福《よりとみ》が誕

薩摩瀬下屋敷蓮池寶心関係図 ㉞
（数字は藩主の代を示す）

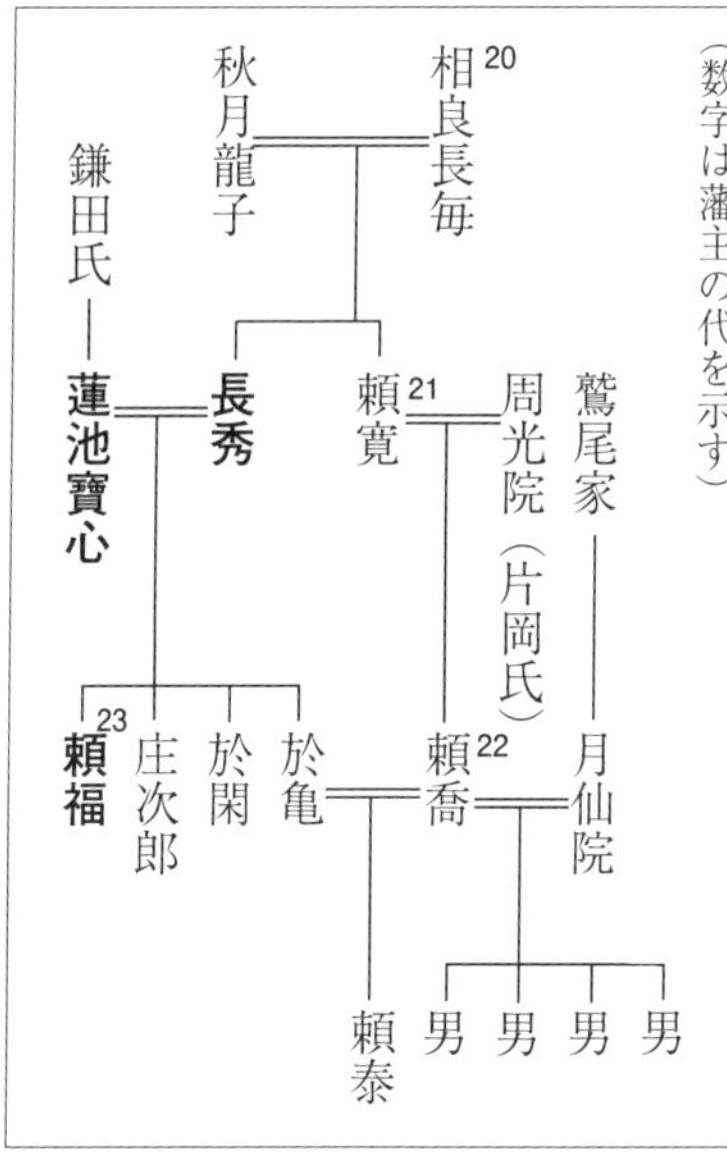

薩摩瀬下屋敷全景（球磨絵図）

生し、長秀は兄頼寛のために身を粉にして働くのである。

寛永十八（一六四一）年生まれの頼寛嫡子の頼喬《よりたか》が、万治二（一六五九）年に長秀愛娘の於亀と結婚する。三年後、蓮池寶心は初孫頼泰を我が腕に抱く喜びに包まれたが、その二年後には頼喬が二十二代藩主に就任したので、娘と孫は江戸在住となって我が家は火が消えたように寂しくなった。しかし孫が次の相良家当主になるは必定、何と晴れやかで誇らしいことだろう。夫長秀と末息頼福の京都までの見送りは家族として当然だった。

寛文五（一六六五）年になると、長秀は五十九歳で家督を頼福に譲って織部尉《おりべのじょう》と称し、城下から西に離れた薩摩瀬《さつまぜ》に屋敷を構えて隠居する。妻と一緒に敷地の整備を始めよう。娘婿の藩主や孫を迎えるに相応しい屋敷は自然を満喫できるものでなくてはならぬ。人吉の象徴たる球磨川は目の前にあっていつでも水遊びができるし、緑樹鬱蒼と茂る敷地で鳥の鳴き声も楽しめよう。決定打は大きな池で、居ながらにして神仏に日々合掌できる環境を作りあげよう。池を掘った大量の土で築山を形作り、池水は万江川上流の清水を選び神園で取水し、山下↓合ノ原↓瓦屋を経て城本大王井手で二分され、一筋は山田川に向かい、もう一筋は村山南側を延々と薩摩瀬屋敷まで運ばれたのである。この水の通り道は殿様池用水というので「殿さん川」とか「御溝」とか呼ばれて、不浄物や牛馬を入れることが禁止されていた。見回りの溝役人が厳しく監視していたらしい。二千坪もある大池の中に、市房・青井両神社を勧請した厚誓社や、藩主専用お茶屋が建つのは夫婦没後のことである。御溝の引かれた年代は判らないが、妻蓮池寶心の法名から考えれば、彼ら生存中の作だろう。

寛文七（一六六七）年に娘の於亀が亡くなり、延宝三（一六七五）年十月十二日には夫長秀が六十九歳で逝去する。さらに二年後には希望の星だった孫頼泰も十六歳で亡くなってしまい、蓮池寶心が藩主祖母の地位に就くことは永久に無くなった。

夫長秀の法号「摩利支天聖王正位《まりしてんせいおうせいい》」について記しておこう。『嗣誠獨集覧』や『探源記』等の歴史書によれば、長秀は文武両道の素晴らしい武将だった。日頃から国家を思い、兵道だけでなく仏教の真理を追求する哲学思想の持ち主でもあったようだ。隠居後は仏門に入りいつも法衣を着て法に則った行いをした、と残された肖像画に明記してある。友人の願成寺義辰和尚から法号の摩利支天聖王正位を頂戴して後は、終生その僧名を使っている。摩利支天とはインドで日月の光や陽炎を神格化したもので、日本では武士の守り本尊とされて護身・隠身・遠行・得財・勝利などを祈るという（歴史辞典）。死後願成寺に摩利支天堂が建てられたが、火事で焼失したため、息子の二十三代頼福が宝永四（一七〇七）年の三十三回忌に再建して追善供養孝行をした。

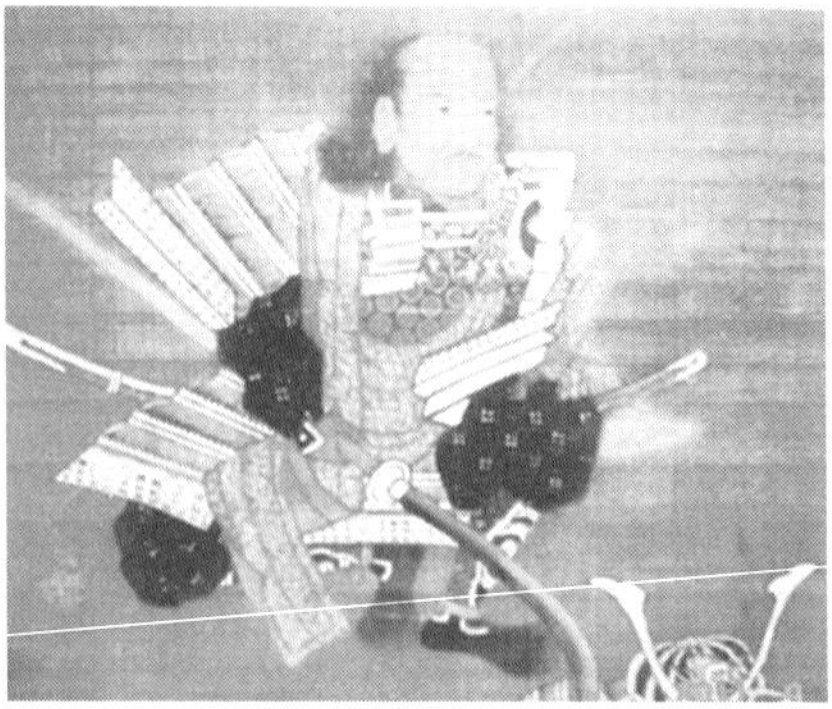

〈上〉相良長秀肖像画（個人蔵）と〈下〉夫婦墓（中尾墓地）

頼福《よりとみ》は思いがけず四十二歳で藩主の地位が転がってきた幸運に恵まれた人物だが、藩主になる前の父七回忌には、薩摩瀬屋敷の球磨川対岸、矢黒黒坂高台に供養塔を建立している。歴史書には「矢黒黒坂ノ上ニ御火葬　然而葬中尾山　願成寺義辰導師タリ」とあるから、供養塔の建立地が火葬地なのだろう。

蓮池寶心は夫を見送った四年後、延宝七（一六七九）年九月二十五日に蓮の国へ旅立った。もう少し待っていれば、頼喬後室の月仙院に生まれた男子が次々に亡くなって、我が息子の頼福が藩主になる幸運に出会えたはずなのに。彼女の六十年人生は結局、二十三代相良頼福母堂の地位を相良史に刻み、薩摩瀬下屋敷の初女主人という歴史のスポットを確実にしたことで、舞台の袖から舞台上へのジャンプに成功したと言えるだろう。

中尾山墓地には五輪の立派な墓が夫婦仲良く並んでいて微笑ましい。

第八章　相良清兵衛にまつわる女たち

相良七百年の歴史に興味を持って、郷土史関係誌を読んだり講話会や研究会などに参加すれば、必ず相良清兵衛に出会う。清兵衛なくては相良史を語れないほどの存在感に圧倒されて、その一生が江戸時代相良家の基礎を作りあげていることに気付くのだ。それなのになぜ、彼は最北の弘前で死を迎えねばならなかったのだろう。彼に纏わる女たちを語る前に、清兵衛の足跡を簡単に辿ってみよう。

清兵衛は永禄十一（一五六八）年誕生で、父犬童休矣《いんどうきゅうい》は深水宗芳《ふかみそうほう》と共に相良家の執権として戦い続けている頃だった。成長した清兵衛は相良家の重鎮となって相良姓を頂戴し、朝鮮出兵の混乱時にライバルの深水一族を追放して独裁体制へと歩み始めるのである。慶長五（一六〇〇）年の関ケ原合戦では西軍の石田三成方として出兵したが、東軍の徳川家康方に寝返った結果、二万二千石の小大名として江戸時代に滑り込んだ。この時の清兵衛は謀略・策略・知略を使っての頭脳プレイ独断場。当主の二十代相良長毎と共に家康お目見えを果たした清兵衛は得意絶頂の姿。このお目見えが後年の大事件にも、死を免れての流罪に繋がるのである。

江戸時代初期は清兵衛一族繁栄の跡ばかり。藩の政治は自分の一人舞台。何事も清兵衛を通して動くほどの力をつけており、金も人も清兵衛に集中し、藩主と姻戚関係を結んで、血脈からの強固な土台を築いている。しかし歴史は清兵衛専横を許さなかった。二十一代相良頼寛時代になれば、戦国時代の生き残りである清兵衛は既に時代逆行の顔であった。寛永十三（一六三六）年に亡くなる長毎《ながつね》遺言は、「清兵衛一族を追い払え!」。新藩主頼寛は清兵衛の娘明窓院を妻にしていたのだが、舅追放を画策して幕府に訴えるのが寛永十七（一六四〇）年五月だ。江戸に召喚された清兵衛は箱根関所からは罪人扱いで、八月の評定では、十三か条の悪業一つ一つが簡単に吟味されて、清兵衛の津軽配流が決定する。

江戸に向かった清兵衛の留守を託されたのが養子の田代半兵衛で、疑心暗鬼した半兵衛の起こした城方との戦いが「御下《おしも》の乱」である。一族全滅の顛末については、（1）相良清兵衛内儀の項に記している。

(1) 御下《おしも》の乱　相良清兵衛《さがらせいべえ》内儀 ㉟

人吉城跡西北の胸川と球磨川合流地付近、長塀前に大きな石碑が建っている。寛永十七（一六四〇）年七月七日「御下の乱」で亡くなった人々の慰霊碑である。「為諸善男人善女人各霊」と彫りこまれた彼等の魂は、三百年もの間下流の亀ケ渕にあったが、昭和四十一（一九六六）年大洪水を機に漸く元の御下に戻る事ができた。歴史の狭間を彷徨った善男善女だったが、今では「人吉城歴史館（平成十七年開館）」の主人公ともいえる存在感を誇っている。実は歴史館の目玉が乱の焼け跡発掘で姿を現した「謎の地下室」だからである。この地下室の旧所有者が相良清兵衛であり、一族全滅して、本人は津軽流罪となる運命の人物だ。運命の一翼を担った女が歴史書に書かれているとなれば、興味津々、追求しないではいられない。

御下乱供養碑（人吉城跡）

戦国期を生きた女たちは芯の強さを秘めている。その流れが御下の乱死者のひとり「相良清兵衛内儀」の人生に見えるのだ。不倫の果てに妻の座におさまった、何とも現代的で逞しい相良女である。清兵衛は時代の寵児、歴史書に美童とあるからかなりのハンサムだ。藩主を凌ぐ勢力も持っているとなれば、心奪われる女たちもいるだろう。清兵衛は人妻に懸想した。犬童甚兵衛妻だ。彼女を手に入れるための経緯が『嗣誠獨集覧』にある。夫甚兵衛を京都の相良屋敷に永詰転勤させその留守を狙ったらしい。『歴代参考』によれば慶長十二（一六〇七）年頃である。四十歳男盛りの清兵衛を狂わせるほどだからこの人妻、相当の才長けた美女だろう。当然京都の夫に不倫情報が届く。矢も楯もたまらず人吉へ駈け走るのだが相手は家老清兵衛、万事休す。逆に「お許しもなく勝手に帰国するとは何事ぞ」と討手を差し

相良清兵衛屋敷跡に建つ人吉城歴史館全景

向けられてしまう。腕に覚えのある甚兵衛だったが「其身も相果候」と、遂に歴史上から姿を消したのだった。

公然と清兵衛側に侍り、殺された夫の息子は清兵衛養子田代半兵衛として、四百石大身の輝く人生を歩くこととなった。甚兵衛妻は清兵衛との接点により自分の人生を夫ではなく我が息子に賭けたのだろう。激動期の女たちは生きる術を身につけて、その魅力で自分なりの新しい人生を切り開くことが違和感なく行われ、受け入れられる時代だったのかもしれない。いずれにしてもこの出会いは、三十年後の清兵衛一族瞬時の滅亡に繫がるものとなるのである。

その後の清兵衛一族は栄耀栄華。娘明窓院を藩主長毎の嫡男頼寛に嫁がせ、息子内蔵助妻を島津家から迎え、藩主妹を孫喜平次妻にするという平清盛ばりの姻戚関係を結んで、権威アップに成功する。当然財力拡大にも我欲を張る。しかし栄枯盛衰は歴史のならい。寛永十七（一六四〇）年、長毎遺言を受けた藩主相良頼寛が清兵衛一族専横の振る舞いを幕府に訴えて、清兵衛は江戸に召喚され、箱根からは罪人扱いとなった。

人吉残留組の統括責任者は例の養子田代半兵衛。状況分らぬまま疑心暗鬼して皆を清兵衛館に集めて門を閉じ、城方との戦闘態勢に入る。七月七日夜明けから御下一帯は戦場になり、やがて炎に包まれて何もかもすべて灰になってしまったのである。死者百二十人余、女たちは「女房衆上下六十人程」が数えられており、その筆頭が「清兵衛殿内儀」。彼女の存在が御下の乱を起こし、清兵衛史上抹殺のキーワードとも言えるのではないか。なぜなら、最早これまでと火を放ち、一族自決の道を選んだのは彼女と元夫の息子なのだから。我が父犬童甚兵衛を殺した清兵衛一族運命の鍵を自分が握っているのだ、と、息子半兵衛は果たして意識していただろうか。滅びゆく炎の中で清兵衛内儀、いや甚兵衛妻は何を想っただろうか。

事件後直ぐに埋められたという謎の地下室には、清兵衛の魂が今も眠っているかもしれない。評定の結果津軽に流された清兵衛は十五年も寒さに耐え、故郷を想いながら長生きする。屋敷地下室についての記録は一切ない。清兵衛の建てた学問所「易堂」内部の様子を書き記したという「古記」の写しから、不確実な、歴史研究家泣かせの命題を残す清兵衛は今も生きているかのよう。さすが相良史の大物だ。弘前の清兵衛住居跡は相良小路（現在相良町）と名付けられ、彼が特別な存在だった事を示している。当時に植えられた梅の老木が弘前市の銘木に指定されている。改めて彼の魅力に惹きつけられそうである。

清兵衛一族の屋敷が立ち並んでいた一帯（現在歴史の広場）が「御下」と称されていた事から、この一件は御下の乱と呼ばれている。

(2) 相良清兵衛娘　明窓院《みょうそういん》 ㊱

「御下の乱」の一族滅亡の中で残された人物がいる。二十一代相良頼寛夫人で相良清兵衛娘の明窓院と、清兵衛孫の喜平次である。清兵衛長男の内蔵助《くらのすけ》はこの年体調悪く、参府直後病死したので清兵衛一件は知らない。喜平次は実母（船月宗鉄）が島津家出身ということと、相良家に対しての反逆心がなかったということで、薩摩藩に送られ三千石家臣として勤めることになった。再婚はしたらしいが子孫を残してはいない。明窓院は離縁されて江戸藩邸下屋敷の女となり、亡くなった人たちの菩提を弔う日々となる。

明窓院は慶長三（一五九八）年七月二十一日が誕生日。父清兵衛は領内での実権掌握に成功して大忙しの連続だったが、娘誕生に長寿と幸福を願って「亀鶴」と名付けた。関ケ原合戦後、清兵衛の権力欲は膨れ上がり愛娘も政略に利用する。当時幕府直轄領の椎葉山・米良山は相良家に預けられた形だったが、とにかく領主達の勢力争いが激しくて紛争まみれの為、相良家頭痛の種

相良清兵衛関係図35~37（数字は藩主の代を示す）

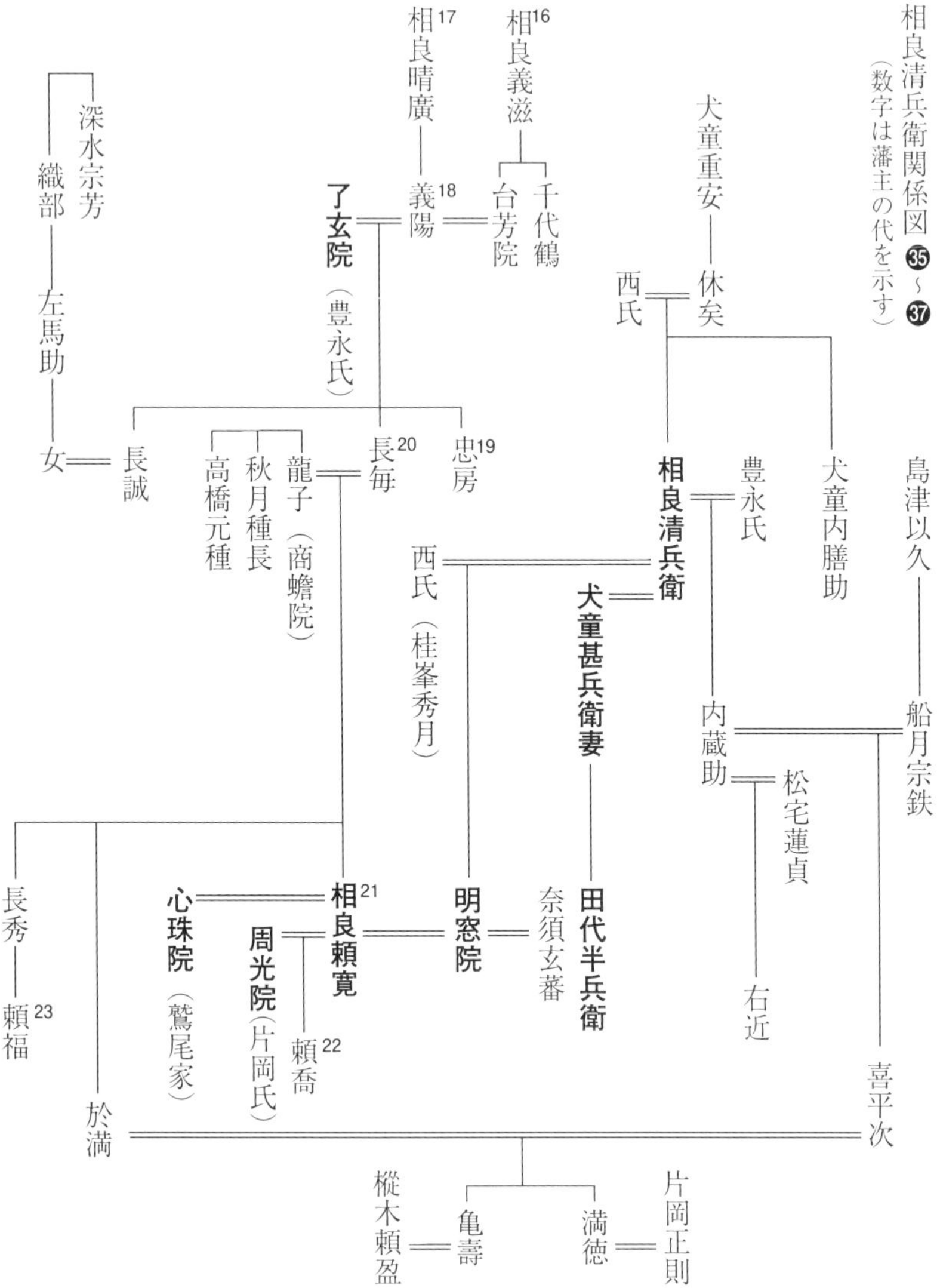

だった。明窓院は椎葉山を支配していた奈須玄蕃と結婚させせられる。清兵衛策の政略結婚だったが、戦国時代の両家の架け橋とは違って、椎葉山静謐と支配を目論む政策だったようだ。やがて数年後には離縁して元和四（一六一八）年、明窓院は藩主嫡男の頼寛と再婚する。夫は明窓院より二歳下の十九歳。今風には玉の輿だがどう見ても父清兵衛による政略結婚だ。彼女の本心は何処にも書き記されていない。

寛永十三（一六三六）年、明窓院は実母西氏の葬儀を済ませて江戸へ行く。夫頼寛が藩主となったので正室の江戸滞在が決まりだったからである。ところがこの頃から、頼寛が先代藩主長毎の遺言通りに清兵衛を追い落とす策を練り始め、彼女の周囲に暗雲が漂い始めるのだ。さらに三年後の寛永十六（一六三九）年には十七歳の片岡氏（周光院）が側室になったことで、四十二歳の明窓院は厳しい現実に直面したことだろう。頼寛との間に子どもはいなかった。運命の寛永十七年、父流罪、一族滅亡、明窓院離縁後別屋敷住まい、翌年周光院が嫡男頼喬出産後死亡、寛永二十（一六四三）年頼寛が鷲尾家姫君（心珠院）と再婚……と歴史は目まぐるしく動く。一人ぼっちの明窓院。心中や如何。

煩悩をいくつ背負えば一族の菩提が弔えるのか。明窓院は仙台藩伊達家菩提寺の松島瑞巌寺住職の雲居禅師《うんごぜんじ》から、逆修法名「明窓院殿心月壽光大姉」を頂戴して、神仏信仰の一歩を踏み出した。想えば平清盛の一族繁栄にも似た父清兵衛の野望は、曾祖父犬童重安代に断絶し、祖父休矣からの犬童一族復活を賭けた必死のもので、自分もその渦中に在ったのだった。江戸時代初期の激動期を生きた女たちはまだ戦国期のように、女としての自分がたとえ政略の道具たる人生を送ったとしても、だからこそ、その存在感に誇りをもって生きていける潔さを備えているようだ。過去、自分の人生が父清兵衛の意図の下に動かされてきたのも、それは明窓院自身が犬童一族の一員として実在するのだから当然との想いは何処かにあったかもしれない。法名を頂戴したのも決して人生への諦念ではなく、大きな役目を果たした充実感にも似た心境だったと思える。明窓院はやはり誇り高い犬童一族の人間であり、父を慕う娘だったと私は信じたい。過去の彼らを想い、その想いを神仏への合掌により祈り届ける事だと、今の自分にできることを知った彼女の心は穏やかだった。五十歳になっていた。

寛文五（一六六五）年には、頼寛や新夫人心珠院と一緒に人吉に帰国した明窓院は、貞享五（一六八八）年八月十九日に亡くなり、原城瑞祥寺に葬られた。前年には相良家菩提寺の願成寺で、明暦元（一六五五）年に流罪地弘前で亡くなった父清兵衛の三十三回忌をしているので、一族の菩提供養終章を締めての死と言えるかもしれない。罪人である父の供養塔を、願成寺金堂山に建てる程の強い意志を示した人物だった。

辞世　「天照す神も佛も隔てなく　都卒の空に我を向へよ」

過酷な運命を自然に受け止めた明窓院が最期にたどり着いたのは、四周を山々に囲まれた故郷人

明窓院の墓（瑞祥寺）

明窓院辞世の和歌

吉盆地であり、神や佛に向かい合う弥勒菩薩の住む浄土だった。九十一歳、長寿の人生だった。

(3) 西国大名初証人 了玄院《りょうげんいん》 ㊲

相良七百年の表舞台に登場する女たちは数えられる程少ない。『南籐蔓綿録』『探源記』『歴代参考』などの歴史書に名前を残す女たちの人生がたとえ恨みや呪いに満ち、政略による結婚や哀しい結末であっても、それはそれで輝いて見えるから不思議だ。もし彼女たちの事績が歴史的に大きな意味と価値を持つものであれば、今を生きる相良女の私たちは勇気づけられて、誇りと自信と満足感に繋がるものである。中でも徳川家人質第一号となった相良長毎実母「了玄院」の存在感は抜きんでている。

了玄院は十八代相良義陽夫人である。義陽は一五八一年に豊野の響野原で討ち死にするまで、八代への進出や島津氏との激しい戦いに明け暮れる人生を一気に駆け抜けた人物だった。強い義陽をイメージする肖像画（市指定文化財）が残されている。実は了玄院は原田村豊永氏出身の側室で、正室には相良家血筋の十六代相良義滋四女の台芳院がデンと座っている。しかし正室にはお姫様しか誕生せず、相良家存続のための若様を三人も産んだのは了玄院だった。長男忠房が十九代、二男長毎《ながつね》が二十代当主となって、秀吉から家康へと政権流れる時代の荒波を乗り切って行くのである。当主実母として了玄院の奥での実権は次第に正室を超えて揺るぎなく、強く、確実なものに変わっていったと思われる。

愛する息子たちが戦いのさなかに人質となって島津家に預けられたり、ブレーンたちに支えられながらも御家の為に苦労する姿ばかりを見てきた母親は、戦いのない平和な時を夢見ていたことだろう。その実現の為には自分の命をも差し出すつもりでいた筈だ。その瞬間は意外と早く訪れる。慶長五（一六〇〇）年の関ケ原合戦を、石田三成方から徳川家康方への寝返りという苦い思いで乗り切った相良家は、名誉挽回に努力する。相良清兵衛の暗躍により藩主の実母を人質に出すことで、汚名返上を図る作戦がクローズアップ。「息子と相良家のため、女の私でよければ何処へなりとも参りましょう」と了玄院は即断する。

了玄院一行は慶長七（一六〇二）年に人吉を出発して京都伏見滞在の家康に挨拶。家康は翌年二月に征夷大将軍宣下を受けて、江戸に幕府を開く準備中で京都にいた。了玄院は年を越して江戸へ向かうのだが、五十三歳了玄院の挨拶を受けた家康は大層上機嫌で種々の下賜があったという。それもその筈、全国の証人（人質）第一号には加賀の前田利家妻「まつ」が登録されているが、西国大名としては了玄院が一番乗りだったのである。『嗣誠獨集覧《しせいどくしゅうらん》』を見てみよう。

「慶長七壬寅年　頼房公（相良長毎）御母公了心禅尼為証人御上洛　御年五十三歳　御伴ニハ御

舎弟豊永彦右衛門　今村宗繁異槃夫婦　東喜雲　犬童角兵衛　其外男女三十四人　翌八年癸卯江戸御下向　此時御朱印伝馬二匹人夫三十人被下之　於江戸五十人扶持御拝領　自西国証人之最初ト有之　家康公御感ニテ如此ト云」

　家康から五十人扶持を拝領した人吉育ちの了玄院は、寛永六（一六二九）年に八十歳で亡くなる迄の約三十年、江戸屋敷住まいの江戸女となる。法名　了玄院殿月窓了心大姉。赤坂下屋敷に葬られ、牌所はあさぎり町須恵の了玄院である。

　大名の妻子江戸居住が慣例期間を経て、『武家諸法度』に明文化されるのは寛永十二（一六三五）年で、了玄院死去後のことだから、相良家の行動が如何に素早かったかが理解されよう。これは外様大名の目配り気配りの労を感じる一例でもあるのだ。了玄院が亡くなると長毎夫人の商蟾院《しょうせんいん》が翌年出府するのだが、彼女の江戸滞在期間は四年と短く、次の三代目証人は頼寛夫人の相良清兵衛娘明窓院が務めることになる。息子の長毎が清兵衛に翻弄された一生を終えるのは、了玄院没七年後の寛永十三（一六三六）年。浄土の女となった了玄院は当然知る由もない。

第九章　伝承行事を支える女たち

(1) 御伊勢講の女たち ㊳

日本には八百万の神々が坐《ましま》していらっしゃる。右を向いても左を見ても空の上にも土中にも、嬉し楽しき時は勿論、辛く苦しい時ですら神様は私たちと共にあるというのが、日本昔からの考えのようだ。確かにおぎゃーと生まれてからの私たちは、事あるごとに神様のおかげを頼って生きている。日晴の感謝と祈り「この子が無事に育ちますように」、七五三、受験、結婚、出産、厄祓いなど数え上げればきりがない。新築前の地鎮祭や新車安全祈願も神官に祈祷をお願いする。神様は忙しすぎる。

　江戸時代、神様への相良家願文には、息災延命、武運長久、子孫繁栄などの文字が見える。加えて家内安全、五穀豊穣は私たち庶民にも大いに関係あるもの。特に命の本たる農作物の出来不出来は日本人が未来永劫生き残れるかどうかにかかわる重大事。自然相手の農耕だから収穫は自然神の包容力次第なので、崇拝はごく自然に湧き上がったに違いない。神様の最高位が天照大《あまてらすおおみ》神《かみ》で、三重県伊勢市にある（伊勢）神宮に祀られている。内宮の皇大神宮と下宮の豊受大神宮信仰は二千年も続いており、特に江戸時代には「伊勢詣」が庶民の憧れとなって、「伊勢へ七度熊野へ三度」と詠われるほどの賑わいだったそうだ。しかし「伊勢に行きたい伊勢路が見たい　せめて一生に一度でも」というのが人吉などの遠隔地や一般庶民の本音だったと思われる。「グループで講銀積立貯金をすれば何とかなるかも。たとえ行けなくとも神様のご利益は頂戴したいもの」と始まったのが御伊勢講である。球磨郡内もあらゆる所に講ができて現在も続いている。人吉市内二十四箇所、郡部二十一箇所確認したがもっとあるだろう。神様は男女の別なく天照らしてくださる筈。御伊勢講過去の資料から女たちを探してみよう。いない！「御伊勢講掛銀帳」「御伊勢講順番帳」などに参加人や受取人、規則などが書かれているが、皆男の名前。権七・茂助・利兵衛・孫六などの農民、土屋彦右衛門・深水郡兵衛など武士階級全て男だけ。おかしい。おかげ参りと言われる六十年周期で繰り返された熱狂的な伊勢詣の絵には、女たちが沢山描かれているのに。当時の公的代表者は男たちだから、女房は夫の陰で名前も記録されない時代のこと。地元の地蔵祭りや観音祭りですら話し合いは一家

御伊勢講掛軸（天照大神画像・天照皇大神宮墨書）

代表男の仕事、もてなし料理造りと接待は女の仕事と割り振られ、結果は男の名前だけが記録されるというものだった。御伊勢講も同じこと。家単位集合体の講なのに女の存在感無しとは残念だ。

人吉領内御伊勢講の始まりは江戸時代初期。どうも相良清兵衛一件「御下の乱（一六四〇）」後の、藩の政治的意図によって結成されたようなのだが、難しい話は飛ばそう。お上がどう考えようと、私たち庶民には天照皇大神の文字や画像掛け軸を拝むことで、日々安穏に暮らせればこんなに有難いことはない。当時の女たちは早起きだ。朝ごはんは竈《かまど》炊き。台所の神様が守ってくれる。御伊勢講座元の主婦は一番に「天照さん」に挨拶できるからこれは役得。

御伊勢講は順番廻りで、講日は正月・五月・九月の十六日だから、一年を三期に分けて各家持ち回り。次座元ではご馳走を準備して御伊勢さんの掛け軸到着を待つ。ここが女房の腕の見せ所。たとえ講帳面に名前が載らなくても、夫のために恥ずかしくない接待をせねばならない。講メンバーは三十名ぐらい、掛銀は僅かで、規約には、「豆腐・焼酎・有り合わせ肴」と決めてあるが、久方ぶりの飲み方

次座元への移動行列（大柿御伊勢講）

だからできるだけ華やかに神様を迎えよう。相良女は煮染が得意。手造り味噌に大根生酢、漬物も広げれば球磨焼酎の辛さも格別に美味。昔は御伊勢講の歌もあったとか。

九日町の富田清作が明治五（一八七二）年、息子千代蔵の伊勢詣で逆迎えに対して「自分もまだ行ったことがないのに」と羨んでいるから、憧れだけで終わった人吉人が殆どだった。伊勢街道筋が整備され信仰の旅が優遇されていたとはいっても、私たち庶民の僅かな掛け銀ではとても……伊勢神宮は遥かに遠い、しかし、こちらが行けなければ神様のほうが近寄ってくる。人吉担当の伊勢神宮御師《おし》「福島御塩焼太夫《みさきだゆう》」の使者が青井社を通じて定期的に訪れて、私たちの神様への篤い思いを込めた掛銀を集め、その志を伊勢神宮に持ち帰っている。人吉市中神町大柿《なかがみまちおおかき》御伊勢講には代表者尾方忠左衛門と講中全員に対して、「姓名共に記帳すれば帰国の上神前にて名前を読み上げ、家内安全などを祈りましょう」という使者の書いた文書「口演」が大事に残されている。女の名前が記帳されたかどうか分からないが、家内安全の中には女房も入っているはずだから、良とし よう。大柿地区は令和二（二〇二〇）年七月の球磨川大洪水で完全水没し、同地が遊水地になるとの行政決定に揺れており、住民の中には既に移転した家もある。地域公民館に保管されていた信仰遺産文書も被害に遭ってかなり傷んだようである。

信仰を支えたのは女たちだと「かくれ真宗」の項で紹介したが、御伊勢講存続にも女たちの姿が感じられて嬉しくなる。

(2) 相良三十三観音の女たち ㊴

春秋の彼岸はイリ（入）からサメ（納）までの一週間、球磨人吉全土は大賑わいとなる。相良三十三観音巡りが定着して観光バスや自家用車に乗った参拝客がどっと押し寄せる。観音宿守の地元女性たちは例年、地産地消の球磨郷土料理をこれまた沢山作っての振る舞いに、その素朴で自然な料理に注目が集まって、にわか料理教室の開催となる。参拝者と料理作家の触れ合いは温かみと親密さをより深め、料理人の自信と満足にも繋がって、観音様のご利益が感じられる。接待ご苦労様、そしてありがとう。

女たちのパワーに支えられている観音巡りだが、一番清水観音から三十三番赤池観音までの観音様たちはその姿がそれぞれ違うように、さまざまの由緒や伝承を背負っている。大半が安産や子育て、女性病のご利益を強調するようだから、女たちとのご縁がとても深く、「女道」を力強く歩いた昔人たちの姿が今に語り継がれているということだろう。

パワフルなのは三番「矢瀬が津留観音（人吉市）」と二十四番「生善院観音（水上村）」。どちらも息子を殺された恨みから、相良家を呪って祟りを起こしたからだ。一一九八年、相良長頼《ながより》は鎌倉幕府の命により人吉にやって来て、それまで平家支配地だった領地の明け渡しを伝えたが、平家代官矢瀬主馬佑《やぜしゅめのすけ》が入城を拒んだために、胸川ほとりの矢瀬が津留で謀殺されたのである。母親の於津賀《おつが》は悲しみのあまり入水して自分の抵抗の証としたのだ。相良家に不幸な出来事が続いたので、主馬佑母子の菩提を弔うために人吉城三の丸北西に於津賀社が、主馬佑が殺害された場所に観音堂が建てられたそうである。江戸時代中期の「球磨絵図」には、胸川中洲に主馬佑墓碑が描かれているが、現在は河川改修によって右岸に墓碑が、左岸に観音堂が移転しており、地元住

3番矢瀬が津留観音

〈上〉秋彼岸のご開帳とご接待風景

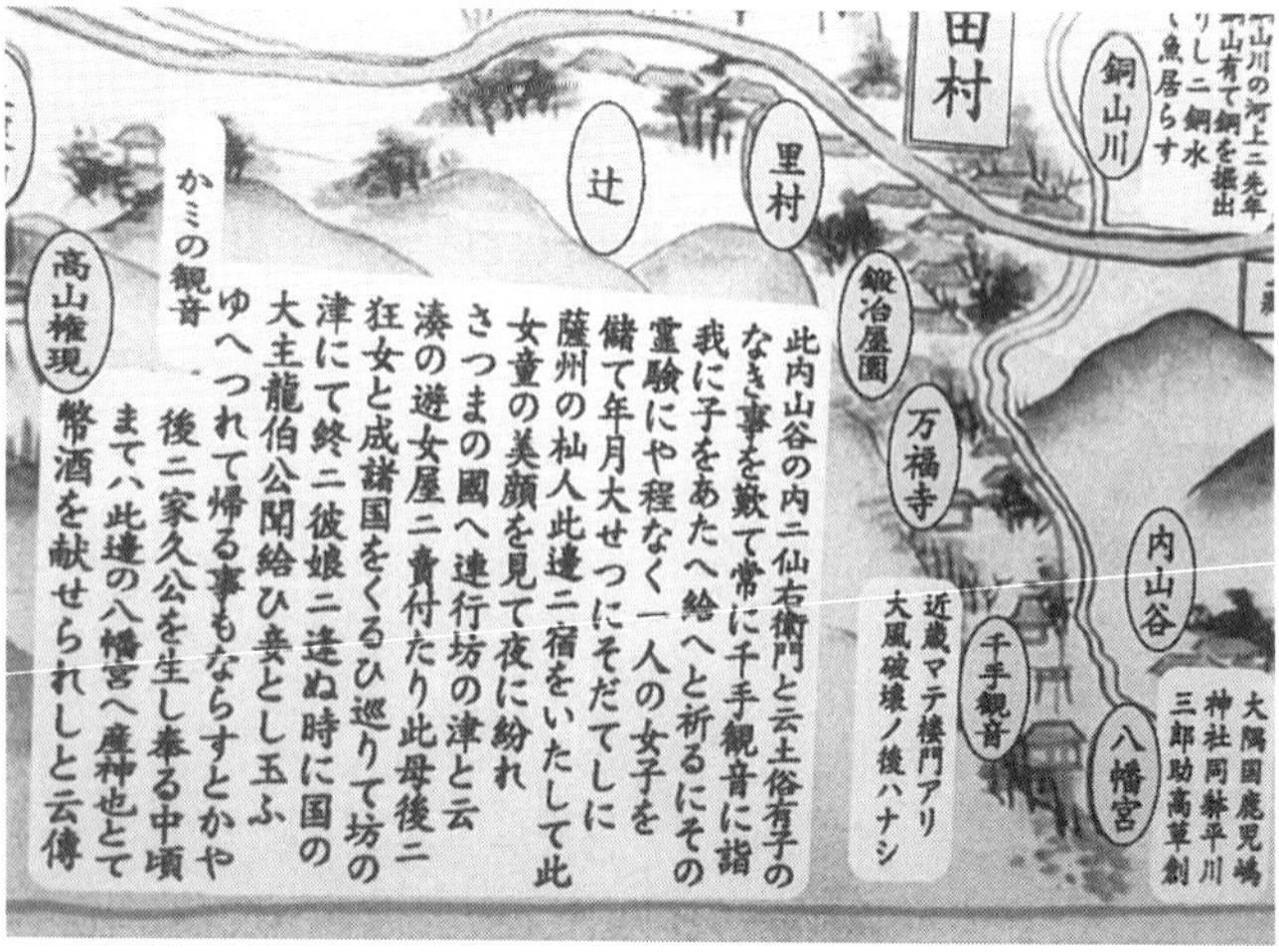

16 番内山千手観音由来（球磨絵図　あさぎり町深田）

民が守り続けている。相良長頼計略による矢瀬主馬佑暗殺は大晦日。新年を迎えるための門松を作っていた家臣たちは、事の急報を受けて駆け出したので門松は片方の一本のみ残されたという伝承から、地元藍田《あいだ》地区では「一本門松」で正月を迎え続けてきたという。相良の殿様が青井神社で新年を迎えるのは、矢瀬氏一件によるからだと書かれた秘文も残されている。

二十四番札所生善院は別名「猫寺」と言った方が有名で分かりやすいだろう。一五八一年、十八代相良義《よし》陽《ひ》が戦死するやいなや、栗野にいた義弟の相良頼貞が攻めてきて郡内は混乱するのだが、家老たちの機転によりあっと言う間に解決した。翌年頼貞に味方したとの噂を流された湯前普門寺の僧盛誉《せいよ》が殺される事態が勃発し、納得できない母親の玖月善女《くげつぜんにょ》が相良家を恨みながらこれまた入水。濡れ衣斬殺だったから怨念の強さは計り知れず、相良家の不幸は勿論、焼酎を飲みすぎて討手中止の連絡役を失敗した犬童九介も狂い死にしたそうである。玖月善女については六章（3）に詳述。

相良家は心に悔いる事を数多くやりながら相良七百年を歩いて行ったのだ。寛永二（一六二五）年、藩主相良長毎《ながつね》が生善院を建てて千手観音を祀り、盛誉命日の三月十六日に市房社と猫寺参詣を奨励して心痛解消行事としたのだった。この観音堂は国指定重要文化財の高い評価を受けているので、二人の菩提供養になっているだろうか。

ところで、あさぎり町深田の十九番内山観音堂境内に「千手局墓」と伝承されている墓石がある。千手観音のご利益で漸く授かった娘をさらわれた母親が、遠く薩摩の国まで探しに行く物語が展開する。坊津《ぼうのつ》遊女に売られた娘は作歌の才が島津のお殿様の目に留まって側室となるのだが、息子を産んだ為に御家の跡取り問題までくっつくのである。侍女に入り込んでいた母親共々逃げ出した二人が、追手から逃れられたのは狐のお陰だという奇想天外な話が残っている。

生まれた若様は何と、江戸時代島津家初代にあたる義弘三男の家久だという。義弘は戦国末期の島津家で強力な個性を放ち、エピソードも多くて人々から親しみを持たれている人物で、加治木にある隈媛《くまひめ》神社の伝説主人公である相良亀徳女の夫である。相良女三人目の千手局は義弘との間に息子まで生まれた形で歴史に登場である。しかしこの話も幾つかの事実がミックスされた「げなげな咄」の域を超えるものではなさそうだ。千手局が内山に帰り仏門に帰依して一生を終

〈右〉２番中尾観音境内奥に建つ心珠院墓（中尾）
〈左〉心珠院辞世の和歌

えたという穏やかなエンディングに、私たちはホッとする。近所の村山家に伝わる秘仏は千手の拝んだものと伝わっているそうだ。だが「球磨絵図」には、狂女となって諸国を探し回った母親が娘に会った時は既に殿様の妾になっていて、連れ帰ることができなかったとある。昔々の出来事は語り継がれる間に少しづつ形が変わっていくもののようだ。

二番中尾観音堂（人吉市浪床町）の境内墓地に眠る「心珠院《しんじゅいん》妙光尼《みょうこうに》」は、二十一代相良頼寛夫人で、故郷を恋焦がれながら人吉の土になった実在の人物である。東林寺に立派な位牌と嫁ぐ際に持参した仏舎利（県指定重要文化財）が残されている。辞世の和歌、「時を得て元の都に帰りつつ　今日を限りのあけぼのの空」の、元の都は仏様の住む世界を表しているのだそうだが、私には心珠院のふるさとと京都を指しているような気がしてならない。そう、彼女は京都鷲尾家のお姫様で、頼寛初室の相良清兵衛娘明窓《みょうそう》院《いん》が父親失脚後離縁となったので、後室に迎えられたのである。最初は江戸住まいだったが、夫頼寛が亡夫人周光院の息子頼喬《よりたか》に家督相続したので、人吉に遥々やってくるのである。

二年後の寛文七（一六六七）年、四十二歳の心珠院は夫を火葬で見送る悲しみから、その場所（中尾山）に精舎を建てて聖観音を安置し、菩提を弔う日々となった。これが中尾観音の由緒である。元禄八（一六九五）年に七十歳で亡くなっているので、二十八年間は人吉人として過ごしたことになる。京都のお姫様が九州の山ン中で人生の終焉を迎えたのである。辞世の歌に込められた魂の叫びに思いを馳せるとき、「故郷」の文字の重さに潰されそうになる。旅は帰る所があればこそ楽しい。相良頼寛前室の明窓院の人生も苦節に満ちたものだったが、旅の終わりが故郷人吉だったことに私たちは何かしら安堵の気持ちになれるのだ。夫頼寛の最期を看取った心珠院は、魂送りをした中尾観音堂裏手に眠っている。元の都に無事到着したことを願わずにはいられない。

ところで、人吉城麓に家を構えていた三百二十石の家老井口家には、「御郡中観音堂三十三所順禮之次第幷和歌（人吉市指定）」が伝わっている。井口武親と孫美辰の二種ご詠歌が、現在も各観音堂に掲げられている。人吉領内の三十三観音を選んだのは延宝年間（一六七〇年代）の井口武親のようだ。彼のご詠歌を本歌にして、美辰が詠じたのが寛政六（一七九四）年、多良木奥野に隠居させられていた頃である。素晴らしい歴史上の文学を残した功績が、城下から遠い中山観音堂近くで挙げられたことに感動する。「中山隠士　藤原美辰」自署、二人のご詠歌を紹介しておこう。

二十八番　奥野　中山

手折りとれ心の奥野中山に　のりの花咲く玉の枝あり　武親

とことはに散らで花咲くのりの庭　はこへ心の奥野中山　美辰

三番　藍田　矢瀬津留

世のわざは夢の間のたはふれと　思い捨てつつ法を求めよ　武親

山河のせぜのながれにかけ留て　月も宿かる秋のよなかを　美辰

あとがき

二〇〇五年、協和印刷の福司山氏から、発刊を始めたフリーペーパー「ユノ」への歴史物語掲載依頼があって、二号から書き始めたのが「球磨女性風土記」である。毎月連載して四十回、相良七百年を生きた女性たちを歴史の狭間から探し出して、奥の奥から表舞台への登場をお願いした。盆地中央を流れる球磨川は、大昔から連綿と続く私たち全盆地人の父母たる源流であり、女性主役の地方史を語るにはこの土地自体を抜きにしてはあり得ないとの想いから、表題を「球磨女性風土記」とし、女性を「おんな」とルビをふった。第一回「女性は長生き」から第四十回「二十三代相良頼福《よりとみ》夫人養心院・真光院」の、二〇〇八年九月まで三年余り続いたところで休止。探し疲れたのが本音だった。それほど相良七百年史の女性たちは姿を隠していて、なかなか声を発してくれないのだ。その後七年経っての執筆再開は「昔人の聲　一枚の古文書から」とし、現在も続けている。中には女性たちも顔を覗かせるが、主役ではない。相良七百年の歴史に女性たちが確かに存在し、自分たちの生きた証を形に残すことを望んでいる、叫んでいる、私に強く願っ

人吉五日町生家から毎日眺めていた人吉城跡と球磨川（水の手御門付近）

ている。彼女たちの声が聞こえる。

一旦筆を置いた発表作品の球磨人吉地方女性史は、小さな雑誌の一ページに掲載されただけなので、誰の記憶にも残らず、彼女たちの微かな声も、存在すら気付かれずに消えてしまうかもしれない。弦書房小野氏からのお誘いもあって、これら女性たちを世の中に紹介できれば、この人吉盆地に息づいた人々の歴史や文化を、今に生きる私たちが継承しているという事実を伝えることもできるのではないかと思った次第である。新たな事実判明、資料の解釈違いなどで大きな変更をした箇所もかなりあり、以前発表した内容を随分加筆訂正したことをお伝えする。何とも恥ずかしいことであるが、当時の自分の能力不足を大いに反省し、お許しを乞いたい。

その時期に応じてランダムに掲載を続けてきた記事を、今回、時代の流れに沿う形ではなく、テーマ毎に纏め並べており、表題を「球磨おんな風土記」とした。決して研究書ではなく、懸命に生きた過去の先輩女性たちの人生物語という、私の想いを表現したつもりである。

「狭い人吉盆地内の小大名相良家に起こった小さな出来事というけれど、登場女性たちの人生は全国共通、普遍性を持っているのじゃないかね。ひとつの形に纏めてみたら」と、私の尊敬する細井平洲《ほそいへいしゅう》研究家の小野重伃《しげよ》氏から言葉を頂いたのはいつ頃だったか。有難い言葉だったが、「まだまだ」と言っているうちに歳を重ね、既にタイムリミット。過去の女性たちが懸命に生きた姿を今の自分に投影しながら私も生き、次代の女性たちに繋げて行ければこんなに嬉しいことはない。真砂の一粒にしか値しない私だが、この文章を残すことが自己満足であったとしても、何かしらホッと安堵できそうな気がする。人吉球磨の地から、相良おんな達の声があなたに届くことを期待して筆を置く。

協和印刷福司山氏の誘いがなければ女性史を連載することはなかったかもしれない。弦書房小野氏のアドバイスがなければ実現しない企画だった。長い長い時間をご協力頂いた多くの方々に心より感謝申し上げます。

二〇二四年十二月

井上道代

〔参考文献〕

「南藤蔓綿録」梅山無一軒、青潮社、昭和五二年
「歴代嗣誠獨集覧」相良村史資料編、平成七年
「求麻外史」田代政鬴編、安政三年
「歴代参考」淵田禹山文書写し
「探源記」「御家記」「相良家譜」
「球磨絵図」人吉市教育委員会所有、安永二年
「麻郡神社私考」青井惟董
「青井阿蘇神社社殿等建造物調査報告書」人吉市教育委員会、二〇〇七年
「人吉市史」「球磨郡誌」「免田町史」「高森町史」「坂本村史」
「津奈木町史」「上村史」「相良村誌」「球磨村史」「草部小史（一九二七）」
「九州相良の寺院資料」上村重次、青潮社、昭和六一年
「相良家史料」渋谷季五郎編、熊本県立図書館所有
「大日本古文書　家わけ第五相良家文書」東京大学史料編纂所
「寛政重修諸家譜」榮進社出版部、大正七年
「郷土」球磨郷土研究会
「ひとよし歴史研究No.1～No.25」人吉市教育委員会、一九九七～二〇二四年

「復刻増補真宗開教史」平成一四年
「相良文書」熊本県立図書館所蔵
「相良文書」広島大学附属図書館所蔵
「図説人吉球磨の歴史」郷土出版社、二〇〇七年
「人吉のまつり」人吉市教育委員会、平成二九年
「郷土雑誌球磨」球磨郷土研究会、昭和三〜一八年
「瑞巌寺博物館年報一九号」一九九三年
「細井平洲嚶鳴館遺構注釈シリーズ」小野重伃、東海市
「東海市史　資料編三」東海教育委員会、平成七年
「資料と人物　江戸期おんな考№14　№15」桂文庫、二〇〇三年
「開教秘話　球磨の法流」本願寺人吉別院編、一九五八年
「明治七年先祖附」「旧人吉藩水主復族復禄一件　球磨郡役所」
「妙光尼仏舎利由来書」人吉市東林寺
「西瀬橋」黒肥地改太郎
「球磨人吉の墓碑銘」益田啓三、二〇〇八年
「茸山騒動異聞」渋谷敦、二〇一一年
「相良文庫文書」人吉市立図書館所蔵
「織月歌集」相良護国神社所蔵

「相良三十三観音めぐり」人吉温泉観光協会
「相良清兵衛一件」鹿大史学掲載、深水道代
「田代政典家老日記」・「田代政鬴家老日記」個人所有
「明治十年降伏日記　尾方氏」「明治十年戦争日記　丸目徹」
「淵田禹山文書」「佐無田家文書」「豊原家文書」「黒木家文書」「新宮家文書」
「大嶋家文書」「尾方家文書」「犬童家文書」「田代家文書」「渋谷家文書」
「高橋家文書」「東家文書」「阿蘇正光寺文書」「津奈木正行寺文書」
「中村家文書」「大嶋家文書」「長船智加喜家文書」「長船武徳家文書」
「伊津野家永代記」「茂田丸破船始末記（個人所有）」「梅山家文書」「願成寺文書」
「田代溝開通八十周年記念誌（平成五年）」
「人吉文化42・43合併号　丑歳騒動百年記念号」一九六四年
「肥後相良藩士分限帳」佐藤光昭、一九八三年
「球磨人吉郷士史年表」長野傳蔵、平成一三年
「復刻幸野溝」幸野溝土地改良区、平成八年
「人吉球磨民謡選集」三原竹二、一九九八年
「女性の歴史」高群逸枝、講談社文庫、一九七二年

〔著者略歴〕

井上道代（いのうえ・みちよ）
一九四八年、熊本県人吉市五日町生まれ。
一九七一年、鹿児島大学法文学部文学科卒業。
一九九三年より人吉市文化財保護委員、現在委員長。
人吉市教育委員会の委託により人吉球磨歴史資料調査目録作成に従事。願成寺・相良神社・青井神社・聖泉院他個人所有文書など多数。球磨絵図活字化。諸家家譜作成。
共著および論文
「ひとよし歴史研究」No. 1～No. 25
『復刻増補熊本県球磨郡人吉市真宗開教史』
『球磨焼酎　本格焼酎の源流から』（弦書房）
『球磨郡医師会百年史』『図説人吉球磨の歴史』『くまもとの女性史』（くまもと女性史研究会）『江戸期おんな表現者辞典』（桂文庫）「相良領内隠れ真宗の女性たち」「相良史を歩いた女性たち」（江戸期おんな考No. 14、No. 15桂文庫）「相良清兵衛一件」『人吉藩校』
外　諸誌掲載歴史随筆

球《く》磨《ま》おんな風土記

二〇二五年二月二五日発行

著　者　井《いの》上《うえ》道《みち》代《よ》
発行者　小野静男
発行所　株式会社　弦書房
（〒810・0041）
福岡市中央区大名二―二―四三
ELK大名ビル三〇一
電　話　〇九二・七二六・九八八五
FAX　〇九二・七二六・九八八六

組版・製作　合同会社キヅキブックス
印刷・製本　シナノ書籍印刷株式会社

ISBN978-4-86329-298-7　C0021

◆弦書房の本

新《トピックスで読む》熊本の歴史

岩本税／島津義昭／水野公寿／柳田快明　熊本の歴史を知るための基本200のトピックス。新資料や遺跡の発掘によって近年新たに判明したことも併せて、従来とは異なる解釈と視点で描く。
〈A5判・380頁〉**2400円**

【第36回熊日出版文化賞】
熊本の近代化遺産《上巻》
熊本市・県央

熊本の近代化遺産《下巻》
県北・県南・天草

熊本産業遺産研究会・熊本まちなみトラスト編
明治日本の産業革命遺産（世界遺産推薦）の構成資産のうち「三角港」「万田坑」の二つの遺産を含む一一四の近代化遺産群を上下巻で紹介。カラー写真と詳細な解説付。《**上巻**》冨重写真所／第五高等中学校本館・化学実験場・表門／国有鉄道鹿児島線上熊本駅舎／緑川水系の発電所群／三角港 他《**下巻**》万田坑／八千代座／日本窒素肥料㈱石灰窒素製造工場／八代海干拓施設群／陸軍人吉秘匿飛行場木製掩体壕／大江天主堂／崎津天主堂 他
〈A5判・176頁〉**各1900円**

《新装版》
かくれキリシタンの起源
信仰と信者の実相

中園成生　現在も承継される信仰の全容を明らかにし、長年の「かくれキリシタン」論争に終止符を打つ。なぜ二五〇年にわたる禁教時代に耐えられたのか。従来のイメージをくつがえし、四〇〇年間変わらず継承された信仰の実像に迫る。
〈A5判・504頁〉**2800円**

＊表示価格は税別